JIULONGPO
TIELU KINDERGARTEN

中国新 学幼 教育 态发展 坛

从这里走向美好世界

九龙坡铁路幼儿园
文化建设与课程建设实践成果

李云竹 罗晓霞 编著

重庆大学出版社

图书在版编目(CIP)数据

从这里走向美好世界:九龙坡铁路幼儿园文化建设
与课程建设实践成果/李云竹,罗晓霞编著. -- 重庆:
重庆大学出版社,2022.2
ISBN 978-7-5689-3164-9

Ⅰ.①从… Ⅱ.①李… ②罗… Ⅲ.①幼儿园—校园
文化—建设②幼儿园—课程建设 Ⅳ.①G617②G612

中国版本图书馆CIP数据核字(2022)第033879号

从这里走向美好世界

——九龙坡铁路幼儿园文化建设与课程建设实践成果

CONG ZHELI ZOUXIANG MEIHAO SHIJIE

——JIULONGPO TIELU YOUERYUAN WENHUA JIANSHE YU

KECHENG JIANSHE SHIJIAN CHENGGUO

李云竹　罗晓霞　编著

策划编辑:范　琪

责任编辑:杨育彪　　版式设计:范　琪
责任校对:关德强　　责任印制:张　策

*

重庆大学出版社出版发行

出版人:饶帮华

社址:重庆市沙坪坝区大学城西路21号

邮编:401331

电话:(023)88617190　88617185(中小学)

传真:(023)88617186　88617166

网址:http://www.cqup.com.cn

邮箱:fxk@cqup.com.cn(营销中心)

全国新华书店经销

POD:重庆新生代彩印技术有限公司

*

开本:720mm×1020mm　1/16　印张:11　字数:180千

2022年2月第1版　2022年2月第1次印刷

ISBN 978-7-5689-3164-9　定价:88.00元

这里——有着深厚历史底蕴、有着独特办园气质的九龙坡铁路幼儿园，是孩子们从家庭走向社会的第一个站点。

走向——开往美好世界的路径，是"五动+五美"的美好教育价值取向，是幼儿成长过程的美好。

美好世界——期望幼儿从自我的小世界走向幼儿园、社会这个美好生活的大世界；期望幼儿从自我的小世界走向现代化、国际化美好生活的大世界；期望幼儿从自我的小世界走向未来、走向宇宙的大世界。

序

探索时代命题，走向美好世界

——题九龙坡铁路幼儿园《从这里走向美好世界》

学前教育是终身学习的开端，是国民教育体系的重要组成部分，是重要的社会公益事业。中共中央、国务院《关于学前教育深化改革规范发展的若干意见》指出，推进学前教育普及普惠安全优质发展，满足人民群众对幼有所育的美好期盼，是新时代发展的新要求。教育部等九部门印发的《"十四五"学前教育发展提升行动计划》的出台，正是深入贯彻落实党的十九届五中全会"完善普惠性学前教育保障机制""建设高质量教育体系"的部署要求，标志着中国的学前教育正在步入更加普及、普惠以及更高质量、更高品质的新发展阶段。

站在新的时代节点上，作为学前教育研究者，我们有责任和义务在中华民族文化所具有的独特魅力和历史土壤中，在充分认识学前教育重要价值的基础上，更加系统、理性、深刻地思考幼儿园文化理念构建、园本课程开发、教师专业发展等重大问题，致力于开启一个建构具有民族文化底蕴、与时代精神接轨的幼儿园园所文化模式、幼儿园课程模式和幼儿园教师专业发展模式的新时代。

九龙坡铁路幼儿园历史悠久，建于1956年，重庆市示范幼儿园。2020年，李云竹园长提出"从这里走向美好世界"的办园理念，传承中国铁路文化，结合《3—6岁儿童学习与发展指南》要求，深入践行"健康小火车、天天动起来"的主题文化，追求"培养良好习惯、培育美好未来"的育人愿景。坚持深化教育改革，以先进实践经验为引领，提升教师专业能力；基于幼儿的终身发展，遵循幼儿的成长规律，以培养"健康体能、语言才能、社会适能、科学智能、艺术美能"的"五能宝贝"为育人目标，构建起五维一体的"小火车动能课程"，彰显美术和健康两大特色；落实教育部《关于大力推进幼儿园与小学科学衔接的指导意见》，探索幼小科学衔接机制，提高入学准备有效性；树立科学评估导向，以《幼儿园保育教育质量评估指南》为引领，全面提高保教质量，追求学前教育高质量发展。

铁路幼儿园"从这里走向美好世界"的办园理念，可以这样去理解三个主题词：关于"这里"，指的是幼儿园，这是一所有着深厚历史底蕴、有着独特的办园气质的幼儿园，是幼儿从家庭走向校园世界，再走向社会大世界的第一个站点，幼儿在这里自然而然地生活、生长，有哭泣有欢笑，有跌倒有站立，有怯懦也有坚强。关于"走向"这一词，很好地体现了幼儿园的办园愿景，既希望教师在先进的理念引领下践行美好教育，更希望幼儿在老师的带领和呵护下切身体验、勇于探索，不断获得和积累经验。关于"美好世界"，我认为有三层含义：其一是期望幼儿从自我的小世界走向幼儿园、社会这个美好生活的大世界；其二是期望幼儿从自我的小世界走向现代化、国际化美好生活的大世界；其三是期望幼儿从自我的小世界走向未来、走向宇宙的大世界。总之，"从这里走向美好世界"饱含着铁路幼儿园教育人的大爱情怀与价值追求。

《从这里走向美好世界》一书，是在领导们的关怀下，在专家的指导下，在制定幼儿园五年发展规划的基础上，针对幼儿园文化理念构建、园本课程开发、教师专业发展等开展的思考与设计、研究与实践、总结与提炼。书中有相关理论的深度解读，也有具体案例的详细操作，图文并茂，值得一读，值得借鉴。

《从这里走向美好世界》一书，希望能成为铁路幼儿园发展历程中的一个里程碑式的标志。

重庆市九龙坡区教师进修学院　江涛

2021年10月

前　言

幼儿园"健康小火车、天天动起来"

　　火车又称铁路列车，是人类的交通工具，火车的"火"，是指它的动力源来自煤的燃烧所产生的蒸汽动力，火车的"车"是指运行在双轨上面的机动车。铁路幼儿园的前身是铁路系统的职工家属幼儿园，因此，它的办园有铁路的历史，更包含一种人们对于火车的情怀。重庆市九龙坡铁路幼儿园因为姓"铁"，所以在园本文化的主题思想上，突出"健康小火车、天天动起来"的园本文化建设主题，而办园理念则确定为"从这里走向美好世界"。

　　幼儿时期是人生发展的起步时期。所谓起步，如同火车开动前的准备阶段。火车的开动需要的三要素是动力、铁轨、制动控制，而幼儿如同小火车，进入幼儿园后，都会从这里准备开向每个幼儿美好世界的"火车"，形成和完善开动前的动力、铁轨、制动控制三要素条件。如果幼儿在进入小学前的3~4年时间里，身心会发生本质性改变，会因为幼儿园的教育为其终身学习能力打下基础，那么幼儿教育则关系着每个幼儿的终身发展。重庆市九龙坡铁路幼儿园传承"幼儿教育影响一生"的教育文化，为实现幼儿教育的美好目标，从幼儿园的美好教育开始，为"小火车动起来"创造良好的"动力、铁轨、制动控制"开动条件，为幼儿这列"小火车"开向美好世界打下坚实基础。

　　幼儿园对幼儿主动性的发现与激励，是幼儿小火车开动的动力建设。心理学研究表明，人的主观能动性源自人的内在需要，兴趣与爱好是最好的老师，而对于幼儿各方面生理与心理发展需要的认识，则是幼儿教育中最重要的教育认知与理解。重庆市九龙坡铁路幼儿园立足于幼儿健康成长的需要，把"健康第一"视作发现与激励幼儿"小火车动起来"的重要动力条件，不仅在课程体系建设上把健康课程内容放到重要地位，而且更重要的是创设智慧化的健康管理条件，研究幼儿健康管理的智能化、数字化平台，形成最先进的、最适合幼儿健康发展的管理模式。市级重点课题"儿童健康管理云平台开发与运用的实践研究"中的儿童健康管理是运用信息技术针对3—6岁儿童健康进行管理，包括体质监测评估、营养处方、运动处方、心理评估及健康心理处方、健康档案管理；健康管理云平台是运用包括"小火车"健康管理App、微信、QQ、钉钉等网络信息技术在内的一套操作系统，包含儿童身体健康、儿童心理健康、儿童社会适应、儿童习惯养成四个模块。幼儿园及家长将儿童各项健康生长指标、发展参数上传至平台并进行数据监测评估，能实时了解儿童现有的健康发展水平，发现存在的问题，及时进行干预，提供更加个性化、有针对性的健康教育方案。它同时向教师、家长、社会宣传最新的健康教育理论，随时调整家、园、社会三方正在进行的儿童健康教育，真正实现家、园、社会网络共育。

幼儿园的幼儿教育课程建设，是幼儿小火车开动起来的铁轨建设。课程的本意就是轨道，是规范与引导幼儿终身发展的基础轨道，幼儿教育课程建设需要轨道建设的科学性、技术性、不断的延伸性等保障。重庆市九龙坡铁路幼儿园依据教育部印发的《幼儿园教育指导纲要（试行）》中关于幼儿教育的全面性、启蒙性的要求，相对划分为健康、语言、社会、科学、艺术等五个领域的学习和理解，提出开展"五能"素质教育课程体系建设，探索本园发展成为国家一流幼儿园的健康美好教育的育幼课程体系，实现幼儿健康快乐学习，成为德智体美劳全面发展的人。

幼儿园的幼儿好习惯造就好人生的活动开展，是幼儿小火车开动起来的制动控制建设。行为主义把行为习惯的培养放到幼儿成长的重要地位，强调幼儿时期所有的活动开展都要同习惯的培养联系在一起。心理学研究认为，习惯是人自动化的行为方式，是在一定时间内逐渐养成的，它与人后天条件反射系统的建立有密切关系，习惯可以包括人的思维和情感的内容，习惯对人的发展有积极和消极的双重作用。好习惯成就好人生，正是重庆市九龙坡铁路幼儿园发挥习惯的积极作用，使之成为幼儿小火车动起来的"制动控制"系统，为幼儿小火车开向美好世界在机车"制动控制"上打下最有效的基础。

之所以提出"从这里走向美好世界"的办园理念，是基于幼儿教育是基础教育的重要基础认识出发，以幼儿园影响幼儿终身发展的理解为起点，以幼儿"小火车动起来""三要素"为教育内容，以幼儿"美好世界"意识和能力为幼儿核心素养培养的重点，高度重视幼儿"五能"（健康体能、语言才能、社会适能、科学智能、艺术美能）提高的教育理念。重庆市九龙坡铁路幼儿园在"从这里走向美好世界"办园理念的思考中，以三个方面的教育思想为基础。一是世界儿童的教育思想，它认为现在的幼儿从角色上讲，都是世界的儿童。世界儿童具有世界优秀品质：传承世界文明，适应世界的发展，并学习创造新的世界；世界儿童必将走向世界，在世界中学习、探究、收获。世界儿童的世界包括底线、底色、底蕴。底线，掌握对待人、对待事最基本的准则；底色，身心是健康的、阳光的；底蕴，具有批判思维能力、交流沟通能力和创造创新能力。二是陶行知的生活教育思想，它认为幼儿教育应是生活教育。幼儿的生活教育集中表现为三个方面，即健康教育、审美教育、好习惯养成教育。幼儿园的所有课程内容都要打上生活的烙印。三是智慧教育思想，它主张幼儿智慧活动的开展，手脑并用，借力于信息科技而最大限度地挖掘幼儿的潜能，最有效地促进幼儿"五能"发展。

"从这里走向美好世界"的办园理念，体现在重庆市九龙坡铁路幼儿园的园本教育中，有四个显著亮点。一是环境美好。如幼儿园健康管理云平台建设，结合幼儿教育"五能"课程建设区分的环境育人功能区"智慧""健康""创造"建设，以及促进幼儿健康、快乐、幸福生活的幼儿园环境文化的标识、口号、园歌等，初步打造了健康、快乐、幸福生活的幼儿园环境形象。二是课程内容。幼儿园课程分为三大领域，包括基础课程、智慧课程、美术课程。其中智慧课程是基于本园"五能"教育对策所开设的"五能"拓展性课程，如传统文化特色的武术课程；美术课程是基于社区四川美术学院丰富课程资源而开设的课程，如幼儿动漫绘画的网络学习课程等。三是健康管理。幼儿园坚守健康第一的幼儿教育，主要从家园共育大数据思维和信息技术运用创新家园共育生态环境，开展好线上和线下结合的家长课堂，共享发展——云端管理辐射引领安装健康管理系统平台等方面构建空中"云"健康管理，成为重庆市首家发布幼儿体质健康监测报告的幼儿园。四是面向未来的幼儿教育，未来的幼儿教育从普适性转向个性，尊重每一个幼儿的个性。本园在幼儿园大门改造、不同功能活动区的部署，以及相关幼儿活动中渗透美育元素，在对外宣传的识别标识上突出美育特色的设计制作等，无一不彰显办园面向未来的特色。

《从这里走向美好世界》一书阐明了幼儿园在美好教育的办园目标下，遵循小火车开动系统和制动系统的物理学原理，让幼儿在科学完善的课程中，在多样、立体和丰富的美感环境中接受美的熏陶、爱的教育、体的健美、智的启迪，对美好事物形成好奇、认识、向往的基本取向，进而形成健康愉悦、喜于交流、乐于助人的品格以及表达美和创造美的趣味与行为，成为"五能"宝贝，德、智、体、美、劳全面和谐发展。

编著者

2021年11月

目录
CONTENTS

第一章
美好教育文化体系建设

美好教育造就美好的人，美好的人成就美好的社会与美好的明天。九龙坡铁路幼儿园秉持"从这里走向美好世界"的办园理念，强调用"五能"课程体系建构起幼儿美好教育的育人科学内容，开展智慧幼儿园环境文化建设，承担市级幼儿健康管理智慧平台建设的课题研究，大力实施幼儿教师的"五能"素质教育，参加了各类市级以上的幼儿教育主题建设活动，由此为幼儿园整体发展实现幼儿教育的"三个面向"打下了坚实基础。

一、美好世界的认知与讨论

（一）美好世界的认知

1.美好社会

美好社会从来就是一个大道、大同、大成社会，建设人类美好社会在人类命运共同体建设的时代背景下，成了当代社会的主题。习近平总书记在联合国社会发展世界首脑会议上发表了题为《携手建设更加美好的世界》讲话，主要表达了人类建设美好社会的中国方案。习近平总书记指出，中华民族历来讲求"天下一家"，主张民胞物与、协和万邦、天下大同，憧憬"大道之行，天下为公"的美好世界。当代社会的美好，需要以人类命运共同体思想为指导，指引全世界逐渐摒弃对抗、走向合作，形成彼此包容、相互理解、共同发展的价值理念，一个有道的世界才是最美好的世界。

2. 美好世界

美好是一种意识状态和身心愉悦体验感。人的心理指向有美好的指向，也就是有一种对于美好的期待与向往。幼儿的世界需要美好，反映到幼儿教育中，主要是环境的美好、教师的美好和学习内容的美好。幼儿园的实践表明，从幼儿的美好世界营造需要上讲，幼儿园应当为幼儿创造美好的环境条件，美好的教育内容能够促进幼儿的成长。幼儿的美好世界需要幼儿园以"天人合一"为文化主题，以"真诚、良善、和谐、共生"为教育观，关怀每一个幼儿的成长幸福之心，培养"美好幼儿"，让幼儿的美好环境、美好教育内容、美好成长的能力培养得到实现。

3. 美好幼儿世界

幼儿世界是幼儿的生活世界和幼儿观察体验到的世界。教育家杜威说过："儿童的世界是一个具有他们个人兴趣的人的世界，而不是一个事实与规律的世界；儿童的世界是一个拟人化的世界，世界在儿童眼里是'泛灵的'、情感性的。"事实上，幼儿世界是幼儿的童真、童趣与童话般的世界，它表现为幼儿的生活是无忧无虑、轻松自在、天真烂漫、诗情画意、多姿多彩的；表现为幼儿的学习与游戏活动是自由的、无拘无束的。

（二）美好世界的讨论

1. 幼儿成长

成长是一个身心变化、发展的过程，幼儿成长是一个综合素质形成与完善的过程。幼儿成长有生理的变化与心理的完善，幼儿成长的关键在于幼儿自我意识的形成、自我能力的培养和社会交往能力的初步具备。研究幼儿的成长表明，幼儿的发

展是以个体的生物遗传素质
为基础，以个体的学习和接
受教育为主要过程，不断进
行自我构建和追求自我完美
表现的过程。相关研究表
明，3—6岁时期是幼儿发育
一个很复杂的年龄阶段，其
身体机能正在不断地成熟，
心理活动的动作思维正在向抽象思维转变，语言表达能力的发展进入关键期，社会
交往的欲望特别强烈，自我中心意识也有所加强。因此，幼儿园对于3—6岁幼儿的
教育，必须重视其成长条件与成长过程。

2.幼儿园的美好

"从这里走向美好世界"的办园理念中"这里"有三层含义。一是幼儿进入幼
儿园时的身心发展状态，可以说这是幼儿在幼儿园接受教育而成长的起点，幼儿园
的所有教育内容，都需要从起点这里认识与把握开始。二是幼儿园的办园条件，因
为人的成长受环境、教育、活动等不同条件的影响，如果幼儿园有幼儿成长的良好
条件，那么这里就会成为促进幼儿成长的美好地方。三是指家长与社会对幼儿教育
的期待，教育研究表明，教育有一种期待的效应，习惯上称为罗森塔尔效应或皮格
马利翁效应、人际期望效应等，它是一种社会心理效应，指的是教师对学生的殷切
希望能戏剧性地达到预期效
果的现象。所以，"从这里
走向美好世界"意思是，从
幼儿的身心状态出发，以幼
儿园的办园条件为基础，发
挥最大的罗森塔尔效应，为
幼儿的成长、走向美好的世
界实施好幼儿教育。

3.幼儿园的美好教育

美好教育是人民群众对教育比较满意，以及教育对实现人民群众美好生活做出的积极努力。九龙坡铁路幼儿园是美好教育的圆点，而幼儿成长的过程则是美好教育的直径大小，九龙坡铁路幼儿园的美好教育在理解上有三点，美好教育是幼儿美好世界建设的需要，幼儿的美好教育是培养具备"五能"素质教育要求的人的教育，幼儿园的美好教育是营造"五能"教育体系、"五能"课程体系、"五能"环境文化体系、"五能"教师队伍管理体系等。九龙坡铁路幼儿园对于美好教育的思考是，美好是人生的最重要需要，美好的幼儿教育是最能实现美好幼儿世界建设的教育，幼儿在幼儿园的学习与成长，最需要的是"五能"美好教育。

二、美好教育的理论与思考

（一）美好教育的理论

美好是一种状态，美好更是一种人的生活存在。美是一种整体表达，世界上本来存在无数的美，人们发现美与创造美的能力，其实是人类认识与改造自然与社会的重要能力，美的教育可以是发现美与创造美的教育，幼儿美的教育是一种"动起来"的文化教育。"动起来"的文化，是九龙坡铁路幼儿园"健康小火车、天天动起来"的集中表现，也是"五育"融合、"四全"育人、家园共育、社会协同等各方面动起来的文化体系。幼儿的美好教育能力是教师具备幼儿教育素质，着力提升"五能"的教育核心素养的能力；幼儿园的美好教育评价与管理，建立在全面的质量管理与全体幼儿"五能"素质教育评价基础之上。

（二）美好教育的思考

1.美好教育的理念

九龙坡铁路幼儿园的美好教育，强调从这里走向美好世界，具体思考体现在三个方面：一是确定好幼儿成长的美好起点，将"这里"确定为幼儿传承、感受、创造美好的家园；二是对于"走向"，主要以幼儿教育的理论与方法，思考与设计好全面实施素质教育，培养幼儿的"五能"基本能力的内容、方法、管理与评价体系，全面实现"幼儿美好世界"（环境、内容、成长）的素质教育目标；三是实现"幼儿美好世界"，具体落实为美好的中华优秀文化体验世界、美好的中国特色社会主义建设与发展的现实生活世界，即美好的"三个面向"世界，最终实现幼儿的科学、健康、美好成长。

2.美好教育的实践

具有九龙坡铁路幼儿园特色的美好教育，总体上可以分为八大领域：美好学生、美好教师、美好家长、美好校园、美好课程、美好评价、美好治理与美好保障。在具体的美好教育实践活动体系建构上，重点有三个方面的实践：

（1）环境美好教育的实践

主要是完成好以"美术"为主题的三个方面环境建设。一是立足于幼儿天真、游戏、健康生长的理念，收集中华传统文化中具有健康、快乐、幸福生活元素的儿童的诗歌、童谣、故事等，进行人文环境文化氛围的营造；二是结合学前教育"五能"课程建设，区分环境的育人功能区，幼儿园整体划分为"主动""智慧""美术"三个环境功能区；三是设计具有健康、美术、幸福生活的幼儿园环境文化的标识、口号、园歌等，打造健康、美术、幸福生活的环境形象，注重以美育幼、美美成长的环境建设，加快社区幼儿美育资源的开发与利用步伐，在幼儿园大门改造、不同功能活动区的部署及相关幼儿活动中渗透美术育幼元素，在对外宣传的识别标识上形成有美术特色的设计制作等。

（2）课程美好教育的实践

课程美好教育的实践主要是"五能"动能课程建设培养美好幼儿的实践。"五能"是幼儿成长的基本能力，以"五能"为幼儿培养目标的活动课程设计理念，其幼儿美好世界的实践是"传承"课程群、"感受"课程群、"创造"课程群三群互联结构。育幼的活动课程目标是"五能"小主体开发和"五能"素质培养，促进幼儿德、智、体、美全面而有个性的发展。育幼的活动课程实施原则是游戏性、生活化、操作性、体验性、个性化。育幼的活动课程主要实施途径是分类整合实施、主题实施、协同实施。育幼的活动课程质量评价管理是多主体、多元化、园内与园外评价相结合、增值性。

（3）管理美好教育的实践

管理美好教育的实践主要是幼儿园智慧管理、大数据平台建设培养美好幼儿的实践。全面深化幼儿教育改革，建立高质量幼儿教育管理体系是新时期幼儿园办园质量提高的需要，九龙坡铁路幼儿园站在新的起点，面向未来发展，其问题点、突破点和发展点，都需要对"从这里走向美好世界"做出更深度的解读。全园将围绕"文化强园、智慧育人"，运用"互联网+"理念和思维，从管理系统化、环境智能化、文化智慧化及幼儿成长幸福化"四化"上，科学制定幼儿园未来发展规划，以使幼儿园在全市乃至全国具有一定的影响力，成为有思想、有情怀、有质量、有示范的市级一流幼儿园，实现在教育现代化和教育高位均衡、示范引领性上的全面发展。

三、美好教育的体系构建

1.幼儿教育理念

理念是一种思想观念，也是对幼儿教育的一种理想追求。九龙坡铁路幼儿园提出培养美好幼儿的教育理念，追求"培养良好习惯、培育美好未来"的幼儿教育理想，强调"从这里走向美好世界"的办园理念。"这里"细化为幼儿美好人生的起点，幼儿教育"五能"素质教育实施的开端，幼儿园"动起来"文化建设的全部内容。"走向"是对于幼儿教育从认知到深入理解、从深入理解到具体的探索与实践的过程。"美好世界"是针对幼儿教育需要的中华传统优秀文化世界、幼儿现实生活与成长过程中的美好世界、幼儿成为未来美好的人的世界三个方面而言的世界。

2.幼儿课程建设

课程是育人的全部内容，更是一种人性的理解与素质教育。九龙坡铁路幼儿园注重贯彻落实党的教育方针，将立德树人根本任务要求转变为幼儿"五能"动起来课程文化的建设任务，其主要课程结构符合幼儿园指导纲要，依据国家对于幼儿园办园的指标要求，强调深化幼儿教育课程改革，全面推进幼儿素质教育，关注幼儿成长的核心素养研究，突出课程建设的"五能"小火车体系建设。"小火车"动能课程以促进儿童终身发展为价值取向，从课程实施中"动起来"的意识、"动起来"的态度、"动起来"的思维、"动起来"的行为，彰显"健康小火车、天天动起来"的办园文化，以"激发动能，走向美好"的课程理念促进课程体系的完善与实施，培养具有健康体能、语言才能、社会适能、科学智能、艺术美能的"五能"宝贝，促进幼儿身心全面、和谐发展，引领幼儿从这里走向美好世界。

3.幼儿健康管理

健康第一的教育理念是幼儿教育的重要理念，健康管理是幼儿园科学育人、协同育人、四全育人的重要管理导向。九龙坡铁路幼儿园本着幼儿教育现代化的思考，主张智慧办园，引进先进的幼儿园网络信息技术，开展幼儿园健康管理云平台建设的课题研究，多年来积累了丰富的儿童健康教育经验，如在户外体育活动材料投放与组织、生态视域下幼儿园户外活动环境创设研究的实践研究成果基础上，以促进儿童身心健康发展为目的，努力借助微信小程序，建构数据处理端（云端）、PC端（管控平台）、移动端（交互平台），通过儿童佩戴的智能手环实时采集活动数据，运用大数据分析、评估儿童生长发育、身体姿态、身体形态、运动能力、情绪管理、自我意识等发展水平，形成儿童健康报告和个性化指导方案，通过端口反馈给幼儿园及家长，幼儿园、家庭根据方案采取相应策略对儿童实施一个更加有效的健康管理的智能化平台。

4.幼儿教师队伍

教师是幼儿成长的关键性因素，幼儿教师的身心美好关系着幼儿从这里走向世界的美好。有了身心美好教师世界的建设，幼儿的全面发展、健康发展，以及三年影响一生的教育美好就容易实现。依据素质教育强调的重点，九龙坡铁路幼儿园教师队伍的素质教育，主要从幼儿教师创新精神、实践能力及社会责任感三个重点方面实施。在幼儿教师的创新精神实施上，九龙坡铁路幼儿园提出本园教师应结合"小火车动起来"，具备小火车开动起来的精神，能够引导幼儿主动参与幼儿课程学习，以及在家园共育活动中，充分发挥好幼儿教师的专业能力与专业引领性作用。在幼儿教师的实践能力实施上，全园整体对策是确定好幼儿教师的素质教育目标，精细化管理好幼儿教师的成长过程，提供良好的幼儿教师专业发展平台，组织好幼儿教师的专业成长课程内容。在幼儿教师的社会责任感实施上，主要要求教师力求用心走进童心世界、用爱引导幼儿的爱、用美好世界展现幼儿的美好心灵等责任心与使命感。

5.幼儿"五能"评价

"五能"评价管理是幼儿教育的质量管理，集中表现为两个重要的方面：一是幼儿的多元发展，全面提升幼儿"五能"核心素养的效果；二是幼儿园管理体制的健全、管理机制的合理、管理目标的清晰、管理团队的和谐高效。九龙坡铁路幼儿园坚持按照全面质量管理理论，强调精细化管理的实践，引入8S管理系统，围绕"文化强园、文化育人"，运用"互联网+"理念和思维，深化信息化，探索名园发展模式，充分借助互联网、手机App、网络评价系统、同步课堂、视频会议等现代化载体，充分发挥信息化在促进教育教学管理及幼儿发展质量中的独特作用，实现幼儿园教育高位均衡发展和示范引领作用。现在全园已基本形成"五能"宝贝、"五能"教师、"五有"园所评价体系。

四、美好教育的"三个面向"

教育要面向现代化、面向世界、面向未来，它强调立足传统，面向现代化；立足中国，面向世界；立足当今，面向未来。九龙坡铁路幼儿园是一所以培育幼儿美好生活素养、成就美好人生为目标的公办性质幼儿园，多年来在幼儿成长理念上坚持"美好教育影响一生"的目标，探索幼儿园发展成为国家一流幼儿园的健康美好教育的育幼模式，实现幼儿健康、快乐学习，成为拥有美好生活潜力的人。进入"十四五"教育发展时期以来，九龙坡铁路幼儿园以《中国教育现代化2035》为指导，建成服务全民终身学习的现代教育体系，普及有质量的学前教育为幼儿园全面深化改革的主题，积极开展"美好教育，健康铁幼"为幼儿教育改革的美好教育实践。

1.面向现代化发展

中共中央、国务院印发的《中国教育现代化2035》及《加快推进教育现代化实施方案（2018—2022年）》两个重要文件都指出：提升学前教育普及水平。中共中央、国务院《关于学前教育深化改革规范发展的若干意见》更是指出：学前教育是终身学习的开端，是国民教育体系的重要组成部分，是重要的社会公益事业。幼儿教育事业的发展，是要推进学前教育普及普惠安全优质发展，满足人民群众对幼有所育的美好期盼。九龙坡铁路幼儿园面向现代化的发展，提出2035的幼儿素质教育发展目标是加快幼儿园信息化的时代步伐，建设智能化幼儿园。所谓智能化幼儿园，是基于互联网新技术革命而建设的幼儿健康管理的智慧化生活、智能性学习型幼儿园，培养拥有美好生活潜力的人的总体目标。美好生活潜力是指幼儿天真、灵活、有童性的生活潜力，是在开发利用过程中促进幼儿"五能"整体、全面发展的生活潜力。

（1）幼儿生活潜力

潜力顾名思义是一种隐而未现的，具有特殊性的潜在能力。幼儿时期是幼儿生活潜力的重要开发时期，其生命潜力、生长潜力共同构成生活潜力。生命潜力的开发强调让幼儿的生活重新回归大自然，顺应大自然，是生命在于运动，劳动创造人的自然选择法则。生长潜力的开发重视幼儿的三大运动：大脑运动、四肢运动、语言表达活动，在幼儿三大运动中，加强对幼儿大脑潜力、四肢潜力及语言交流潜力的开发，将为幼儿的终身发展培养良好的行为习惯与终身学习的能力。九龙坡铁路幼儿园的幼儿生活潜力开发，以落实立德树人根本任务为总体要求，以面向幼儿的"传承中华文化世界、感知现实美好生活的世界、探索幼儿的明天世界"为途径，在面向现代化的过程中，构建幼儿"五能"素质教育课程体系，探索园本发展，成为国家一流幼儿园的健康美好教育的育幼模式，实现幼儿健康、快乐学习，成为拥有美好生活潜力的人。具体从规范幼儿园的育幼课程、家园活动、管理制度、教师队伍、学术交流等方面发挥幼儿教育导向作用，为初步实现幼儿园的教育现代化和教育高位均衡、示范引领性发展打下良好的基础。

（2）"四化"幼儿园建设

一是管理体系系统化。九龙坡铁路幼儿园的管理，除了有完善的制度体系，还需与互联网结合，形成8S管理智能化，确保常规工作高效运转，未来幼儿园将与互联网紧密结合，加强内网与外网建设。

内网建设。一是管理者通过视频、网站浏览各班级，网站后台自动记录教师的各项常态工作，为年终择优、评先提供依据，班级之间通过校讯通、公共邮箱、网站等信息平台进行文件浏览、传输，实现有效的网络化办公。二是幼儿园利用电子信息技术，为幼儿建立电子档案，以视频、图片、音频的方式，对幼儿的成长进行全方位记录，在幼儿毕业之后，幼儿园可以将电子档案通过互联网发送给家长，让电子档案成为家长、幼儿的珍贵回忆。三是资料保管云端化，幼儿园所有资料的保管将无纸化，所有档案及保教物品和素材纳入电子管理系统，全部电脑储存资料通过网络上传到存储服务器。

外网建设。一是方便家长网上报名、咨询。二是让家长更及时地了解幼儿园及幼儿的动态：第一层是园级动态，园所介绍、公告通知，大型活动介绍；第二层是班级动态，包括公告、新闻、教学安排等，可以有针对性地了解本班的保教活动；第三层是个人动态，家长为孩子记录成长的幸福时光，为孩子一生留下珍贵的回忆。点开教师博客，有许多有关教育的心得体会、有价值的文章置顶在园级网页中，供更多的人浏览。

二是环境建设智能化。九龙坡铁路幼儿园积极挖掘幼儿园环境中蕴藏的价值，通过教师智慧，开发更多利于师生工作发展的保教环境，让中华优秀文化元素融入幼儿园的每一个角落。结合幼儿园的特色课程，做好环境的多维空间开发，让幼儿视角随时浸润。各功能室逐步改建，在渗透幼儿园的中华优秀文化元素的同时建设信息技术，如：图书室使图书绘本进入云端，家长可以和幼儿共读；生活体验室安装电脑，幼儿可以从网上学习；陶艺吧安装电脑，幼儿可以在网上展示自己的作品等；从净化、绿化、美化的角度，让幼儿园的环境更加规范精致。

三是育幼智慧化。九龙坡铁路幼儿园以课程建设、教师培养、幼儿活动、家园共育为载体，形成与文化相匹配的特色文化活动。课程建设上，做好拥有美好生活潜力的"五能"课程评价体系，让"五能"课程实施更加有效，深入分析、挖掘、运用现有的课程资源，做好课程评价体系手册，并人手一本下发教师进行解读和运用。教师培养上，成立名师工作室，制订分层培训计划，以全员培训、推进式调研、分层培训、师徒结对等路径，实现线上学习、线上考试、线上互动等一站式互联网化新模式，做到和谐的互联网+幼儿教育模式，帮助每一位教师找到适合自身发展的位置，帮助每一位教师评定职称，有效提升保教队伍专业素养，五年中计划培养区级骨干教师3名、市级骨干教师2名、国家级骨干教师1名。幼儿活动上，开展充满美感、心态向上、心理健康、个性聪明、有美术审美意识的成长活动，着力于制订幼儿健康、美术、幸福成长的"五能"课程育人标准。家园共育上，运用互联网形式开展"健康小火车、天天动起来"主题活动，成立家长学校，每月请不同的专家举办讲座，将大数据思维和信息技术手段运用于创新家园共育活动中，如定期以网上课堂的形式为家长开展幼儿教育知识培训，定期给家长传送孩子的成长视频，创新开发家长网络评价活动等。

四是幼儿成长生活化。九龙坡铁路幼儿园贯彻幼儿终身学习理念，在全面贯彻落实《幼儿园教育指导纲要（试行）》的过程中，以"幼吾幼以及人之幼"作为自己的幼儿教育思想原点，运用幼儿深度学习的原理与方法，努力实施"行万里路"与"读万卷书"幼儿融合教育。对于幼儿成长，引入幸福的"七大元素"，从新生命教育开始：第一，拓展生命的长宽高，加强幼儿体质健康与心理健康的智慧云平台建设；第二，立足高质量幼儿教育体系的建构，强调幼儿美好成长的、拥有美好能力评价体系的建立；第三，实现幼儿共享式发展，安装直播系统平台，全面构建资源辐射共享平台，构建空中"云"上交流平台，实现网络园本教研的现代化和会议的常态化，真正实现区域间优质学前教育资源的辐射共享和城乡教育高位均衡发展。

2.面向世界的发展

1989年，联合国科教文组织在北京召开"面向21世纪教育"国际研讨会，提出要从全人类和全球的视野出发，把儿童培养成面向世界的国际人。当前幼儿教育办园民主化、合作化、体验化是幼儿教育面向世界的发展趋势。民主化表现为学前教育普及率持续上升，加强学前教育的公平性，国家财政支持幼儿教育发展力度加大，幼儿园民主管理成为主流。合作化是指家庭、社区、幼儿园三方协作育幼，促进幼儿全面的素质教育，家庭通过爱与习惯养成等奠定幼儿身心发展最初基础的场所，社区通过与各种各样的人进行交流和亲近自然等来丰富幼儿体验的场所，幼儿园在教师的精心教育引导下，通过集体活动，幼儿获得在家庭中难以得到的社会、文化、自然等方面的体验，成为充实幼儿期的发展场所。体验化是指幼儿的课程被视为体验领域，主要包括游戏、社会教育、语言教育、动作教育、韵律与音乐教育、图像与劳作性教育、事实与环境教育、实际生活与家政教育八个方面。幼儿教育面向世界的发展，总体上是需要建立一个高质量的早期教育体系，能够提供一个促进幼儿身体、社会、情感以及认知发展的、安全优质的育幼环境，促进幼儿所有领域的和谐发展。

（1）人的全面发展

由于国际竞争的加剧、知识经济的发展，现代社会对人的整体素质提出了前所未有的全面发展要求，尤其对人的主体性品质，如积极主动性、创造性、批判性思维、责任感等的重视，更是超过了以往任何时代。为此幼儿教育面向世界的发展，促使幼儿教育朝着幼儿全面发展的方向，实现富有时代特色的、符合本国国情的发展。从人的全面发展角度看，现代社会的幼儿园任务主要是重视幼儿的需要、自发性、好奇心等，培养做人所必需的基础素质，如丰富的情感、想象力、主动探索事物的欲望、健全的生活所必需的态度，打好上小学以及今后继续学习的基础。

（2）"四有"幼儿园建设

九龙坡铁路幼儿园面向世界的发展，主要是开展"四有"幼儿园的建设。

一是有思想的幼儿园建设。教育者是有思想的教育人，教育思想影响和制约教师的行为，规定教师对于幼儿素质教育的理解与实践。在现代幼儿教育思想中，活的教育思想、智慧的教育思想以及生活化教育思想等，是幼儿教育质量与效率提高的保障。九龙坡铁路幼儿园强调课程教学的"五性"（游戏性、生活性、操作性、体验性、个体性）教学，课程管理的健康智慧云课程资源管理与幼儿"五能"课程教学管理，课程评价的"三多"（多元评价、多主体评价、多素质评价）评价，创建幼儿健康、美术、美好行为习惯养成的评价数据库，引导幼儿参加各类美术欣赏与评比活动，使家园共育成为常态化等。

二是有情怀的幼儿园建设。情怀是指一种情结与情感需求，是幼儿教育奉献、责任、良心等综合素质的表现。九龙坡铁路幼儿园着力于爱、真善美、好习惯培养的教育情怀，为幼儿提供真正适合的教育，要求教师成为爱岗敬业、乐于奉

献、善于合作、勇于创新的
健康美好教育教师，积极开
展"坚守初心，牢记使命，
做一名有情怀的幼儿教师"
主题活动，把教师的勤奋、
细致、善教、慈爱情怀作为
幼儿园未来教师队伍建设的
重点。

　　三是有质量的幼儿园建设。党的十九大明确提出要办好学前教育，幼有所育、
学有所教。幼儿教育的深化改革目标不仅要普及普惠，还要安全优质。普及普惠是
指在当前幼儿教育普惠性程度不高，普惠性资源普遍不足，幼儿教师队伍数量不
足、素质不高、待遇较低等情况下，加大普惠性幼儿园的建设，解决好幼儿入园
难、入园贵等问题，推动公益普惠的学前教育公共服务体系初步形成。安全优质是
指全面贯彻党的教育方针，遵循学前教育规律，办好幼儿园，为幼儿创造全面发
展、健康成长的教育环境，让幼儿有园上、上好园。九龙坡铁路幼儿园立足于幼儿
天真、游戏、健康生长的理念，培养健康、快乐、幸福生活的幼儿，努力办成有更
高品质、更具有学前教育现代化的一流幼儿园。

　　四是有示范的幼儿园建设。幼儿园的示范是指在全面贯彻教育方针、探索教育
规律、总结推广经验等方面发挥示范带头作用。九龙坡铁路幼儿园充分发掘中国铁
路文化，结合《3—6岁儿童学习与发展指南》的精神要求，实施以"健康小火车、
天天动起来"为核心的主题幼儿园文化，追求"培养拥有幸福能力的人"的育人愿
景，构建起五位一体的"五能小火车"课程体系，彰显美术办园特色，运用大数据
管理幼儿健康成长，全面提升办园品质，在幼儿教育的健康与美术两个方面呈现出
示范、引领幼儿教育的作用。

　　3.面向未来的发展

　　随着科学技术对于人体结构与功能的研究，同时更由于互联网+智能化生活技
术的探讨，越来越多的幼儿教育研究指向学前教育应面向未来发展。依据幼儿教育

时期是幼儿想象力、创造力、动手能力、社交能力发展十分迅速的时期，幼儿园面向未来的发展要有"四化"的发展。一是品牌化发展，未来单凭质量求生存的幼儿教育是很难的，因为幼儿园越来越多，同质化严重，所以无论是公办园还是民办园，一定要以特色求生存，办出其他园没有的、与自己的特色相匹配的品牌质量园。二是信息化发展，《中国教育现代化2035》指导纲要对加快信息化时代教育变革提出如下要求，建设智能化校园，统筹建设一体化智能化教学、管理与服务平台，互联网+人工智能与信息化、现代化教育创新融合是未来教育发展的新趋势。三是合作集团化发展，城市化进程的加快，人口相对集中地进入城市区域，幼儿教育办学需要多领域、多层次、多模态的合作模式作为支撑，高质量的幼儿教育需要深度的融合发展，整合共赢是学前教育面向未来发展的必要途径。

（1）幼儿教育"三全"教育

幼儿教育面向未来育幼的分析表明，对幼儿进行全脑开发、全人格塑造、全肢体器官培育的"三全"教育是必然选择。全脑开发教育是指在幼儿教育的起始阶段，必须把现代思维的种子播在幼儿的大脑，以打好基础。

础。幼儿园要对幼儿进行健康卫生、语言数学、自然与社会、艺术审美教育等全脑开发性教育，将现代思维的六种主要类型（抽象思维、形象思维、灵感思维、特异思维、情感思维和社会思维）融入幼儿的思维发展历程。全人格塑造教育是指注重幼儿从小在人格、个性方面的全面培养，立足于幼儿人格形成的关键期，从道德品质、自我意识和情绪情感丰富化三个方面培养幼儿的社会人格特质。全肢体器官培育是指幼儿教育应当注重对幼儿的头部、躯干、四肢——尤其是手的锻炼，注重通过体育、语言、劳作手工、舞蹈、游戏、营养饮食、卫生保健来促进幼儿身体内部各种器官特别是眼和口的健康发育，幼儿园应当分年龄教幼儿掌握手和腿脚的运动技能，帮助幼儿学会跨、跳、攀、投、抛、爬、钻、蹬、滑、荡等各种动作，通过太阳浴、雨水浴、风浴锻炼幼儿的体魄和意志，通过珠算教学、乐器教学等训练手指的细微准确动作等。

（2）九龙坡铁路幼儿园的互联网+幼儿教育

随着当今科学技术的不断发展，互联网+幼儿教育是互联网科技与教育领域相结合的一种新的幼儿教育形式，它是幼儿园面向未来智慧化、智能化育幼的重要途径。在九龙坡铁路幼儿园的未来发展中，基于互联网信息技术和智能技术建立幼儿健康优化管理平台，提高安全优质的办园质量，最大限度地开发和利用好幼儿教育的信息资源，如班班通、组组通、人人通信息技术，对幼儿园培养"拥有美好能力的人"、改善环境、促进"健康小火车、天天动起来"文化建设有着重要作用。全园面向未来拟制定出独特的"12345"（一个科学完整的办园思想体系、美术与健康两大特色、家园社区共育的三维空间、四个不同场景的美术馆、五大任务完成）十年发展规划，以全新的办园理念"从这里走向美好世界"为核心，面对信息化时代智慧办园对学前教育健康管理提出的挑战，构建"时代教育美术馆"式的西部百年文化精品幼儿园，用10年的时间在全国学前教育界产生积极影响。

第二章
美好的育人环境

环境对幼儿的成长起着非常重要的作用，可分为物质环境、心理环境、人际交往环境。成人应该为幼儿的成长提供一个适宜的、充满关爱和自由的美好环境。美好的环境是幼儿形成正确思想和优秀人格的基础，能使幼儿性格活泼，行为具有理性，并善于交往，会让幼儿学会宽容、奉献、分享与合作。而不美好的环境却会让孩子心态浮躁，进而激发出负面的情绪，最终影响孩子的健康成长。《幼儿园教育指导纲要（试行）》中指出："幼儿园应为幼儿提供健康、丰富的生活和活动环境，满足他们多方面的需要，使他们在快乐的童年中获得有益于身心发展的经验。"由此可见，美好的环境造就美好的心灵，为幼儿提供美好的环境，能让他们尽情享受幼儿园活动的乐趣，最终实现身心健康发展。

一、美好物质环境

幼儿学习与生活物质环境的美好，是幼儿园建设美好环境的重要组成部

分，它在幼儿教育全面实施
素质教育中发挥着特殊的教
育作用。幼儿园对于美好物
质环境建设的探索与实践，
表现在有"美好环境育人"
的意识，创设生态的、智慧
的、人文的环境。

1.美好育人环境

环境是幼儿园育人的一个重要组成部分，它在幼儿园教育活动中发挥着特殊的作用，美好育人环境的创设是教育者教育思想的反映，它再现了教育者对育人方式和育人内容的创造。美好的环境是幼儿形成个人良好品格和主动学习能力的基础，育人环境是指要让幼儿园里的一景一物都能对幼儿起到一定的启发和教育作用，要能与幼儿的内心活动产生积极的"对话"，促进幼儿产生良好的内心体验，从而帮助幼儿点燃探索知识、积极进取的思想火花。随着生态文明建设对环境育人的影响，环境育人更多的是重视和加强校园生态环境的建设，着力于校园环境的物质环境的美化及人文环境心理教育功能的优化。环境育人，包括家庭环境、学校环境、社会环境的育人。从幼儿教育角度讲环境育人，就是要充分重视与加强幼儿生命、生长、生活的环境美化、净化、优化，为幼儿形成正确思想和优秀人格打下良好的基础。

2.美好生态环境

幼儿是自然之子，幼儿具有热爱自然、亲近动植物的天赋和本能，要让幼儿从小就对自然生态形成正确的认识，并且具备良好的保护与爱护环境的认知基础，幼儿园需要重视和加强生态环境建设。如可以在园内、教室装点上更多融入生态文明的元素，可以在园内张贴一些保护环境的宣传画，在教室内设置专门的环境保护区域，培养孩子的环境保护意识以及良好的行为习惯等。

美好生态环境是指能将人的身心导向愉悦、健康、积极人生的环境，美好环境是美好生活的需要，美好环境让美好生活锦上添花。美好环境一是安静、优美、宽敞、清新、干净、温馨的环境，它表现出环境的身心健康作用功能性强。美好环境二是人本性和多样性特征明显。人本性是符合人性化而提供的环境条件，如根据人的力学原理而建造的体育环境；多样性是依据不同人群学习与生活需要而提供的环境条件，如男孩和女孩生活中需要的不同条件等。九龙坡铁路幼儿园创造美好环境，不仅加强园本环境整体文化建设设计，而且在园内添置门岗亭、更换伸缩门、加装幼儿园名字的LED灯牌，更换地面草坪和道路地砖，建设不同类型的体育活动场所、游戏活动场所、维修教学楼外墙，改善教职工食堂、图书活动室、教师备课室、教师休息室，建立公益爱心动物联盟等。另外，幼儿园还依据"健康小火车、天天动起来"和培养拥有幸福能力的课程育人要求，构建家园共育大数据思维和运用信息技术创新家园共育生态环境，开展线上和线下结合的家长课堂，共享发展——云端管理辐射引领安装健康管理系统平台，构建空中"云"园本教研平台等。

自然环境。自然环境是指地球或区域内一切生命和非生命的事物以自然的状态呈现，自然环境涵盖了所有生物之间的相互作用，可分为完整的生态单位（没有受到人为大规模干扰自我运作的自然系统，包括所有植物、动物、微生物、土壤、岩石、大气和在其范围内发生的自然现象）；同时也指不受人类活动影响的普遍的自然资源和物理现象，如空气、水和气候，以及能源、辐射、电荷和磁性等等。《幼儿园教育指导纲要（试行）》中指出："幼儿园应培养孩子爱护动植物、关心周围环境，亲近大自然，珍惜自然资源的美好情感，具有初步的环保意识。"九龙坡铁路幼儿园强调建设绿色美好的自然环境，在幼儿园内最大限度地节约资源（节能、节水、节材、节地），保护环境和减少污染，为师生提供健康、适用、高效的教学和生活环境，在硬件上重点是从室外、室内空间的热环境、光环境、声环境、风环境、空气质量等方面提高环境的综合性能和品质；在软件上是教师关爱小朋友的生理、心理情绪，指导幼儿的学习等环境的提供。

美育环境。美育环境是具备轻松、愉快、干净、整洁、卫生的环境，是对幼儿成长进行心灵美的沐浴，使幼儿逐步懂得仪表美、服装美、色彩美、形体美、环境美、语言美、心灵美等教育的环境。美育环境是以具有鲜明审美特征的美术文化为主导的环境，其校舍布局有格，园内环境绿化有意，活动美感艺术性强。九龙坡铁路幼儿园的美育环境以建成铁幼美育中心为主题：一是立足于幼儿天真、游戏、健康生长的理念，收集中华传统文化中具有健康、快乐、幸福生活元素的儿童诗歌、童谣、故事等，进行人文环境文化氛围的营造；二是结合学前教育"五能"课程建设，区分环境的育人功能区，将幼儿园整体划分为"主动""智慧""美术"三个环境功能区；三是设计具有健康、美术、幸福生活的幼儿园环境文化的标识、口号、园歌等，如猫的可爱形象等，以打造健康、美术、幸福生活的美育环境形象。

3.美好智慧环境

智慧是人类特有的一种综合认知能力，核心是创新思维能力。智慧环境是指具有智慧思维功能作用的环境，现代教育的智慧环境，是基于互联网的先进技术和脑科学知识为智慧学习的环境，它是目前幼儿园环境建设的总体方向。幼儿教育的智慧环境，实践上主要包括幼儿园智慧学习环境、智慧生活管理环境。智慧学习环境是指幼儿园从安全、环境、办公等方面进行智能化思考，智慧生活管理环境是要将幼儿园建成为智能化和数字化的幼儿生活场所。九龙坡铁路幼儿园智慧环境建设方案，依托幼儿园健康管理平台，班级教学设备、功能室设备、监控设备、阳光餐饮等完整的智慧体系，建立智慧建筑的整体数据标准和评估体系，同时集成幼儿健康监测、轻松课堂、安全接送、健康饮食、实时监控、环境监测、安全防范、能耗管理等功能，搭建统一的以智慧元素为基础的幼儿园信息平台，改善幼儿园的智能化水平，同时提高幼儿园现代化管理水平和降低建筑物维护成本。

4.美好人文环境

人文环境指人们所处的文化及社会环境，重点是人们周围的社会环境中的人文景观，以及校园内的生态文明环境。人文环境是人类生存和社会持续发展的基础，人文环境的任何改变都将直接影响人类的生存与发展。优美的人文环境是人民对美好生活向往的重要内容。当前幼儿教育对园本生态文明环境建设要求越来越高，对更优美的人文环境的期盼日益强烈和迫切。幼儿园美好人文环境是指从儿童的人文环境美好建设出发，将阳光、空气、土壤、树木等自然元素纳入人文环境建设，让幼儿以一种生态的眼光、态度、原理和方法去观察、思考、理解、解释复杂的社会问题，并以生态文明的方式来开展幼儿的学习与生活。研究者认为：加强对幼儿美好人文环境教育，一是基本生态环境知识教育，使幼儿初步了解生态环境中的各种因素及其相互制约性，自然、人与社会三者的平衡性，人类生存对环境的依赖性；同时了解生态平衡、人口、资源、能源和污染等相关问题；二是培养幼儿正确对待周围环境的行为习惯，具备初步的环境意识，关注人文环境问题；三是激发幼儿对周围环境的兴趣，使幼儿萌发热爱、珍重社会的美好情感，培养其爱护生态环境的行为习惯。

二、美好心理环境

幼儿的天性童真，因此，幼儿园的美好心理环境建设应当体现出幼儿的童趣，建设的环境应符合幼儿年龄特点和发展需要，创设安全的、开放的、丰富的、满足幼儿需求的健康活动环境，激发幼儿充分自主地活动，促进其身体各方面健康发展。

1.健康的环境

健康的环境能给幼儿带来视觉上的享受、艺术上的熏陶，激发幼儿的想象力，促进幼儿认知能力的发展，可以在一定程度上起到平衡和补偿作用，解决幼儿成长中遇到的问题。健康的环境总体上倡导简约适度、绿色低碳、益于健康的环境条件，实践上强调幼儿园需要营造设施完备、整洁有序、美丽宜居、安全和谐的健康环境。一是能激起幼儿积极正向的情绪，包括安全感、存在感、被尊重感和自我实现感等；二是能传承中华优秀文化，提供许多优秀的本土传统工艺和玩具，如七巧板玩具、染丝工艺、陀螺及迷宫等；三是要有儿童参与的环境营造，用儿童的活动成绩来布置环境是最有意义的，特别是班级最好的成绩与个人最好的成绩应成为健康环境布置中不可缺少的内容。

（1）健康环境建设的原则

由于很多幼儿园的建设都存在成人化、物质化、观赏性、静态性等特点，大多数幼儿只能被动地适应环境而不是主动地参与环境，处于环境建设的不作为状态。健康环境建设的原则如下：一是儿童化，幼儿园需要创设更多的运动区域，如攀爬区、跳跃区、投掷区、钻爬区、平衡区等，鼓励幼儿大胆去奔、跑、跳、爬、钻；二是美育化，为幼儿提供美的环境，呈现诸多幼儿审美元素，如儿童想象画、儿童天真烂漫的诗句、个人想说的话等；三是安全性，幼儿园环境建设要特别重视环境中的设施、设备，安全第一，不仅要保障其身体的安全，更重要的是重视心理的安全，如环境的色调、玩具的大小等，幼儿的安全是健康的第一保障；四是主题性，幼儿教育活动特别需要主题，环境建设更需要突出一定的主题，包括爱的教育主题、合作学习的主题、懂文明讲礼貌的主题等。

（2）健康环境建设的实践

九龙坡铁路幼儿园主要从三个方面入手开展健康的环境建设：一是搭建促使幼儿全面发展、有趣的活动平台，保证环境育人的功能性，如将幼儿园三栋楼之一的2号楼用作幼儿全面个性发展平台，专门设置了儿童读吧、体能训练房，还专门配设了"小火车广播电视台""小火车木工坊""小火车生活体验室"、陶艺室等。二是增强环境文化的隐性育人的思想性，从幼儿从小认识美、形成美的意识上进行强化，在幼儿园的主流色彩中，全园选用了灰色，在灰色的环境中充满朝气的幼儿和幼儿的作品更为凸显，幼儿园大厅里有幼儿可以自由弹奏的钢琴，有小火车微雕塑，一张张实木条凳散落在林荫道、走廊、运动场，幼儿园的各个角落都有幼儿们笑脸的图片展示，在幼儿园的各个教室、活动室、教师办公室、园长办公室里用幼儿的作品或师幼活动的图片进行装饰，鼓励幼儿用艺术表现生活、装扮幼儿园，用艺术手法与他人进行思想与情感的交流，促进幼儿之间、师幼之间的友好沟通。从幼儿园花木的置放到图案铺设，从幼儿园大门的构思到走廊、教室的设置，从楼梯扶手的雕镂到门牌、校牌的造型……每个角落的构建或装饰都巧妙地展现了"小火车动起来"的成长姿态。幼儿园的每一处都有教师和孩子们的追求："从这里走向美好世界""健康小火车、天天动起来""培养良好习惯、培育美好未来"。三是构建以幼儿为本的环境，努力做到一切从幼儿出发，任何工作都应从幼儿出发，尊重幼儿的游戏活动体验，尊重幼儿的成长，收集幼儿的优秀作品，收集幼儿们充满生活情趣的照片，收集幼儿生活中绽放出的稚嫩童语等，然后或张贴在画廊里或用展示板或雕刻在建筑物上将它们展示出来，这样做，不仅构建了一个真实的幼儿们的生活、感情世界，还引发了幼儿的思考，提升了幼儿的精神境界。我们时时提醒自己，幼儿园是幼儿的世界，我们的主要任务就是营造一个能促进幼儿健康成长的美好环境。

2.童趣的环境

童趣是童年的生活情趣，是基于游戏、立足玩乐、富有成长引力的幼儿生活体验。幼儿园的童趣环境建设，首先是依托童年的天真、幼稚、童真、情趣等方面的表现，在环境建设上突出童趣性，用幼儿的标准去审视环境建设的效果，如对于低幼班的童趣环境设计需要有童话特色，有适合幼儿审美眼光的景观设计，有幼儿玩乐游戏等环境建设的标准。其次是自然生态环境的建设，幼儿大多喜欢以动物、植物等为题材的环境形象设计，以体现对新生事物及有机生命的关注，环境的结构上把幼儿的表达、符号表征、心情涂鸦、科学探索记录、建构作品等放到重要地位。三是童趣环境建设的可变性，最佳环境是能够为不同年龄、不同性别、不同能力的幼儿提供好的环境条件，因此童趣的幼儿美好环境是不要限定区域、舍弃区域牌，更多地去除那些不必要的规则、玩法、班级公约等提示牌，不要负向地限制、告诫、提醒、约束，而是能够变成正向的吸引、邀请、包容和期待的环境。

（1）幼儿童趣环境的审美

爱美是幼儿的天性之一，给幼儿以美的环境熏陶与启迪，不仅是培养幼儿感知美、表现美、创造美的需要，而且能够让幼儿在自己参与创设的优美环境中接受美的教育，使他们长期在美的熏陶和启迪下形成良好的审美情趣。幼儿园童趣环境建设的审美原理，是强调借助充满美感的环境，培养幼儿的审美能力，用美化的环境培养幼儿感受美、欣赏美、表现美的情趣和能力，努力营造出具有造型美、色彩美、艺术美和富有童趣的美的氛围去感染幼儿，促进幼儿的身心健康发展。在实践中，幼儿童趣环境的审美，主要是幼儿通过个人视、听、味、嗅、触等感官媒介，觉察周围生活环境中各种美的信息，并连接经验想法及想象，进而触动内在情意的活动。在环境建设中，需要重视两方面：一是环境设计的色彩与布局要求协调统一、生动、美观、大方，但又不显得过分刺激和凌乱，整个环境应当平和、有滋养力、轻松而温馨。二是环境美化要从室外布置和室内布置两个方面入手：室外布置上需种植花草树木，一般沿着围墙四周可种一圈较高的常绿树或会攀墙的蔷薇类植物，这样可以将幼儿园与周围环境区别开来，其余空旷处可穿插种植观赏树木或果树，活动场地最好种上草皮，幼儿在富有弹性的草地上活动比在水泥地上活动更轻松、愉快、安全；室内布置中教室背景颜色鲜明、温暖，呈现出清新、雅致、重质感、有格调的氛围，圆柱体、球体、棱柱、棱锥、卵形体、椭圆体等几何学教具对幼儿审美具有教育功能。

（2）幼儿童趣环境的健康

创设安全的、开放的、丰富的、满足幼儿需求的健康活动环境，对激发幼儿充分自主地参与童趣活动，促进幼儿身体各方面健康发展有十分重要的育幼作用。幼儿童趣环境的健康原理认

为，富有童趣的环境，会让幼儿喜欢上幼儿园，通过童趣环境的创设、调整、变化，可以引导幼儿自主、充分地活动，不断产生积极的情绪和行为，能有效地控制和改变不良的情绪和行为，使他们健康成长。因此，幼儿童趣环境的健康设计需要在户外环境设计，走近大自然，体现环境绿化、净化、美化；在户外活动场地环境建设上呈现自由性与可控性；在室内环境设计上充分呈现教育性与健康性。

（3）幼儿园童趣环境建设实践

九龙坡铁路幼儿园主张幼儿园是教师和幼儿共同生活和学习的地方，具体可从三个方面着手：一是计划将幼儿园三栋楼之一的2号楼用作幼儿全面而有个性发展的平台，专门设置儿童读吧、体能训练房，专门配设"小火车广播电视台""小火车木工坊""小火车生活体验室"、陶艺室等；二是在幼儿园的主流色彩中，选用灰色呈现充满朝气的幼儿和幼儿的作品，园内大厅里增设幼儿可以自由弹奏的钢琴，以及幼儿熟悉的吉祥物——小火车微雕塑，在幼儿园的各个教室、活动室、教师办公室、园长办公室充分利用幼儿的作品或师幼共同活动的图片进行装饰，鼓励幼儿用艺术表现生活、装扮幼儿园；三是注意收集幼儿的优秀作品，收集幼儿们充满生活情趣的照片、收集幼儿生活中绽放出的稚嫩童语等，然后或张贴在画廊里，或用展示板，或雕刻在建筑物上把它们展示出来，构建起一个真实的幼儿生活与感情的美好世界。

三、美好交往环境

幼儿园人际关系环境主要是指教师与教师、教师与幼儿、幼儿与幼儿、教师与家长之间的关系环境。因此，我们要重视为幼儿提供尊重、安全、温暖的人际关系环境，使幼儿身心能够得到积极、健康的发展。九龙

坡铁路幼儿园在美好交往环境建设的思考上，以小火车"动"环境建设为主体，践行"健康小火车、天天动起来"为核心的主题幼儿园环境文化实践，并将小火车"动"起来思想融入美好交往环境创设之中，重点创设生动的教师行为环境、灵动的儿童活动环境。

1.生动的教师行为环境

幼儿园美好环境的建设，关键在于激发教师的美好行为。教师的美好行为，首先在于能精神饱满地投人，也就是要有教育激情，良好的精神面貌是教师具有良好心理素质的表现，如高度的敬业精神、责任感和事业心，坚强的意志品质和良好的情绪特征，开朗的个性和乐观的精神，豁达的胸怀和真诚的态度，广泛的兴趣和坚定的信心等。实践表明：新时代的教师应当崇尚美，力求教育智慧的优化、教育人格的丰满，努力完善自身的精神面貌，以饱满的精神投入到每天的工作中去，不断地提高自己的素养，充实自我，完善自我。教师的美好行为，更在于善于发现自己。发现自己，既是一种能力和智慧，又是一种德行，一种高贵的人格境界，更是认识自我、发挥潜能的能力。当教师发现自己的热情、灵感、勇气、创造力、想象力和独特个性时，教师就会将心灵深处的仁爱、智慧和正义感有效地体现在教育行为之中。

生动的教师行为环境的营造，在于教师努力做一个有品位的人。一个教师有了独具的、高雅的品位，就会使其教育教学洋溢着风采、充满着生机。一个有文化品位的教师，能使教育达到激发学生创造力、挖掘学生潜能、弘扬学生个性的目的；一个有高人生品位的教师，具有理性精神，闪烁着人性善良的光辉，其博大的爱惠及与之接触的每一位学生。生动的教师行为环境主要表现为：一是丰富的语言表达环境，教育环境首先是教师的语言亲和力，"亲其师，信其道"，教师的语言亲和力可以赢得幼儿的尊敬和信任，可以获得幼儿的理解和宽容；二是协调的师生关系环境，平等对话，蹲下来与幼儿进行交流，着装具有幼儿感知上的直观美，有时代感，它可畅通地传递与教书育人密切关联的各种信息，从而确保幼儿感知教师的美好行为；三是幼儿园和谐的生态文明行为环境，不仅是教师着装上要注意整洁卫生，综合考虑自己的体型、肤色、年龄、家庭经济状况等多种因素，衣着要随着具体的校园环境的变化而变化，而且是整体上幼儿活动的环境符合生态环境要求。

2.灵动的儿童活动环境

灵动是指有灵性或灵气的活动环境，它以儿童的需要为导向，以儿童的关切为关切，以儿童的兴致为兴致，以无声的环境充分陪伴着儿童。灵动的儿童活动环境，需要立足于儿童的生命运动、生活活动、生长实践，将课程活动、班组活动、幼儿个体活动等，建立在幼儿潜能开发、幼儿互动过程中，采取生本教育的思想实行营造。九龙坡铁路幼儿园以幼儿园健康管理云平台建设为前提，积极挖掘幼儿园教育现代化的资源，通过与九龙半岛美术社区环境的沟通以及幼儿家园学习共同体的建设，完善各智能功能室，如图书室可让图书绘本进入云端，生活体验室和陶艺吧等，全面安装电脑，安全体验区、智能图书室、数字化美术课堂校园环境不同功能区要增设智能控制与展示的平台等，在幼儿园大门改造、不同功能活动区的布置以及相关幼儿活动中渗透幼儿灵性元素，对外宣传的识别标识上形成有幼儿本真特色的设计制作等。

四、案例展示

（一）案例1：重庆市九龙坡铁路幼儿园"动"环境文化建设方案

重庆市九龙坡铁路幼儿园践行"健康小火车、天天动起来"为核心的主题幼儿园文化，并将"动"起来思想融入环境创设、师生行为等，创设生动的教师行为环境、趣动的儿童环境文化、灵动的儿童精神文化。

1."健康小火车、天天动起来"——创设生动的教师行为环境

幼儿好习惯的培养，关键在于提高教师的素养。在提高教师素养方面，也要渗透"天天动起来"的文化，主要包括以下几方面。

第一，注重价值管理，培育积极的"动起来"文化。一是注重教师队伍建设，把教师培训作为幼儿园最优先、最有投入价值的工作。领导教师把自己的工作价值与生命价值结合起来，在工作中享受健康的教育人生。鼓励老师读书自修，送老师去培训学习，请专家驻园指导，请名师来园上课交流。二是每周一小时的集中学习或每学期各种教师集会，精心组织讨论活动，让老师体会"享受工作，品味生活"的乐趣。三是建立"动起来"健身房、俱乐部、聊天室，以别具一格的形式和教职员工进行心灵的碰撞与沟通，精选一些老师对保教生活的感悟，分享育人工作的幸福、如何在工作中实现生命的增值、如何与孩子一起快乐游戏、怎样尽可能避免身体亚健康等主题，既可以开阔教师的视野、拓展教师的胸襟，又可以调整好教师们的思想情感状态，教师有了正确的价值观，就有了对教育的真情投入，就有了对孩子深刻而积极的爱。

第二，明确培养目标，形成"小火车"课程文化体系。课程是幼儿园实现育人目标的重要载体。"五能"目标指健康体能、语言才能、社会适能、科学智能、艺术潜能。因此，我们要引导老师重建教学价值取向和开放的游戏活动教学观念。我园"五能小火车"课程文化体系包含国家课程、园本课程、主题活动课程。在课程实施中，我们充分关注孩子的习惯、认知、能力、品格的综合发展，大力倡导主题活动的生成性和游戏的益智性、趣味性，倡导游戏活动组织实施的科学性和实效

性，促进孩子养成良好习惯和思维能力的发展，提高孩子自我保护、人际交往、社会适应等能力。我园用一年的时间，增设了"小火车"读吧、"小火车"机器人俱乐部、"小火车"美工室、"小火车"陶艺室、"小火车生活体验室"、"小火车木工坊"等园本课程，增设延时服务课程，开设了"小火车"语言社、"小火车"舞蹈团、"小火车"篮球俱乐部、快乐机器人等20余项游戏活动课程，对孩子健康、快乐地成长起到了很好的补充和促进作用。

第三，推行生态科研，倡导务实的研究文化。保教质量的提升离不开教研，离不开扎扎实实的研究。我们以市级重点规划课题"儿童健康管理云平台开发与运用的实践研究"为重点，以《九龙坡铁路幼儿园"小火车"课程体系建设的实践研究》为主线，建立健康小火车研究中心（保教中心）、动起来服务站中心（行政后勤），在年级组、班级、家长层面，全面开展健康、营养、游戏活动等方面的子课题研究，促进我园保教文化的丰富和提升。

第四，拓宽评价纬度，营造开放的组织文化。充分关注教职工的精神需求和情感状态，倡导教师们健康快乐、包容友爱。教师们全程参与幼儿园的各种评估方案，积极献策，开放讨论，阳光操作，为即将实行的岗位设置、绩效工资评估考核作充分准备；在项目管理中，工作的每个细节都纳入绩效考核，根据教师们自愿选择承担的工作类别和数量给予相应的待遇，真正地体现了多劳多得、优质优酬的评价原则。同时，对教师们的常规评价坚持家长参与，坚持个人与年级组挂钩的方式，一人有奖，全组有奖，一人违规，全组共担。在每年、每学期、每周固定评价的基础上，还建立了一系列的特色奖励项目，每年开展颁奖盛会，设立如最美微笑奖、勤俭节约奖、孩子爱戴奖、保教能手奖等20余种奖项肯定教师们的付出，使其逐步形成对生活、工作的感恩与进取状态。

2."健康小火车、天天动起来"——创设趣动的儿童环境文化

幼儿园是教师和孩子共同生活和学习的地方，开发园内课程资源，促进我园保教环境的科学化、游戏化、现代化发展，让幼儿园环境成为隐形的活动课程资源，增强育人功能。主要从4个方面着手。

第一，搭建发展平台，保证功能性。为了更好地促进幼儿的发展，我园决定在

改善办园条件、优化育人环境上下大功夫。计划将幼儿园中的3栋楼之一的2号楼用作幼儿全面、个性发展的平台，设置了儿童读吧、体能训练房，还专门配设了"小火车广播电视台""小火车木工坊""小火车生活体验室"以及陶艺室等。这些新平台能够为孩子们全面、个性的发展提供充分保障。

第二，渗透办园文化，体现思想性。为了让幼儿从小就能认识美，形成美的意识，我们特意对环境作了精心的创设。在幼儿园的主流色彩中，我们选用了灰色，在灰色的环境中充满朝气的幼儿和幼儿的作品更为凸显。大厅里有幼儿可以自由弹奏的钢琴，幼儿园里有幼儿再熟悉不过的吉祥物——小火车微雕塑，一张张实木条凳散落在林荫道、走廊、运动场，幼儿园的各个角落都有幼儿们的笑脸。幼儿园的各个教室、活动室、教师办公室、园长办公室全是用幼儿的作品或师幼活动的图片进行装饰的。种种布局鼓励幼儿用艺术表现生活、装扮幼儿园，用艺术的手法与他人进行思想与情感的交流，促进幼儿之间、师幼之间的友好沟通。从幼儿园花木的置放到图案铺设，从幼儿园大门的构思到走廊、教室的设置，从楼梯扶手的雕镂到门牌、校牌的造型，每个角落的构建或装饰都巧妙地展现了"小火车动起来"的成长姿态，幼儿园的每一处都有老师和幼儿们的追求："从这里走向美好世界""健康小火车、天天动起来""培养拥有幸福能力的人"。

第三，坚持以人为本，着眼发展性。新的办学理念和办学宗旨使我们充分认识到一切从幼儿出发，任何工作都应从幼儿出发，尊重幼儿的游戏活动体验，尊重幼儿的成长。我们注意收集幼儿的优秀作品，收集幼儿们充满生活情趣的照片，收集幼儿生活中绽放出的稚嫩童语等，然后或张贴在画廊里，或用展示板，或雕刻在建筑物上把它们展示出来。这样做，不仅构建了一个真实的幼儿生活和感情世界，还引发了幼儿的思考，提升了幼儿的精神境界。我们时时提醒自己，幼儿园是幼儿的世界，我们的主要任务是营造一个能促进幼儿健康成长的美好环境。

3."健康小火车、天天动起来"——培育制动的幼儿精神文化

"健康小火车、天天动起来"这一文化的渗透，让我们更努力地关注每个幼儿的个性特点、生活背景，充分调动他们的主体意识，逐步培育幼儿的精神文化。主要从4个方面努力。

第一，人人参与，动起来。动起来即人人参与，只有在有趣的游戏活动中，幼儿才能获得真正的发展。我们要关注每个幼儿公平参与的机会，并把幼儿的参与度和游戏活动体验度作为考量各类活动的基本要求。如开展"小火车机器人年度擂台赛"、"小火车"电视台、"小火车"艺术团等活动，以及各种类型的竞技、展示活动时，把全体幼儿公平参与的广度和深度作为最重要的评价标准。

第二，爱与尊重，动起来。幼儿在前、教师在后的核心内涵即是爱与尊重，爱与尊重是促人成长的润滑剂，我园一切活动都力求建立在充分尊重幼儿的基础上，都力求以幼儿的身心健康为出发点。走进我园，你将会看到一张张大型喷绘牌上全是孩子们阳光的笑脸；穿过走廊，你会不由自主地被个性飞扬的班级文化和环境创设吸引驻足；生活在幼儿园，还会有体育节、艺术节、逛庙会等各种主题活动。真正的爱与尊重带给幼儿的幸福感溢于言表。

第三，充满情趣，动起来。让情趣成为幼儿园的主要氛围，情趣充溢在了我们幼儿园、班级、老师、孩子学习生活的每个细节中。如师生的集体生日PARTY；在新年到来之际，300多个幼儿将会收到园长妈妈亲自签写的贺卡："宝贝，你如同一列可爱的小火车健康快乐奔向世界，幼儿园因为你的欢笑而充满快乐。祝你开心！你的朋友：李云竹。"每年增设10多项贴近幼儿心灵的主题活动，每周评比"小火车"好习惯优秀班级，通过"小火车"电台午安栏目、"小火车"电视台、"小火车"机器人比拼、"小火车"歌舞团等平台，时时引导幼儿做一个习惯良好、富有情趣的现代人。

第四，阳光快乐，动起来。一年后，希望到过或生活在九龙坡铁路幼儿园的人，都有一个深切的感受，那就是阳光快乐。九龙坡铁路幼儿园的干部、教师、员工可以敞开心扉、坦荡交流，老师、孩子亲如朋友，家长、学校、社会共同办园，干部、教师豁达坦荡，孩子率真、活泼。从每一个毕业孩子的身上都能够看到阳光自信、习惯良好的群体特质。

"从这里走向世界美好"的办园理念，萌生了"健康小火车、天天动起来"的主题办园文化。目前，这一文化正逐渐根植于全园师生心灵的土壤中，正在潜移默化地改变着我们的思维方式和行为方式。希望老师和孩子们都拥有幸福的能力，快乐地生活在当下，自信地向未来出发。

（二）案例2：幼儿德育的新思考：健康管理与好习惯培养——重庆市九龙坡铁路幼儿园幼儿德育新路子探寻

幼儿教育是全面实施素质教育的重要组成部分，是学校教育中的基础教育。习惯上，对于幼儿教育有一种"三年影响终身""好习惯成就好人生"的认识与理解；同时，由于现代社会强调"健康第一"的生命理念，对于幼儿的成长而言，行为习惯的养成教育和幼儿身心的健康教育，被认为是幼儿德育的两个主要方面。关于加强幼儿教育的德育，中共中央、国务院《关于学前教育深化改革规范发展的若干意见》指出：幼儿园要遵循幼儿身心发展规律，树立科学保教理念，传授基本的文明礼仪，培育幼儿良好的卫生、生活、行为习惯和自我保护能力，尊重个体差异，鼓励支持幼儿通过亲近自然、直接感知、实际操作、亲身体验等方式学习探索，促进幼儿快乐健康成长。为此，重庆市九龙坡铁路幼儿园致力于幼儿德育的新思考：健康管理与好习惯的培养。

首先，以市级科研课题研究成果支撑幼儿健康管理。2020年全国抗击新冠肺炎疫情期间，九龙坡铁路幼儿园在学习领会习总书记全国卫生与健康大会提出"大健康、大卫生"理念的过程中，以中共中央、国务院印发的《"健康中国2030"规划纲要》为主题，结合教育信息化进程的幼儿教育办园实际，主动向重庆科学规划办申报立项了"儿童健康管理云平台开发与运用的实践研究"科研课题。该课题以真正实现对儿童的健康状况进行全面实时监测、科学评估、有效十换，有效促进儿童健康发展为目的，采用大数据、新媒体等手段，发挥健康管理的功能，有效解决儿童健康管理存在缺乏个性化管理、健康管理手段滞后，不成体系，无法实现线上线下的实时互动、实时监测、实时反馈等问题。随着《关于进一步加强和改进未成年人思想道德建设的若干意见》的落实，全社会都意识到德育应从幼儿抓起，幼儿健康教育及管理正是幼儿德育的重要途径和对策。实践表明，道德教育要从娃娃抓起，每个成年人的世界观和道德观都是从小逐渐塑造、形成的，幼儿园开展的德育教育，有助于幼儿健康人格的形成，促进幼儿身心和谐发展；同时，幼儿德育教育需要积极践行社会主义核心价值观，将德育教育渗透到幼儿园一日活动中，通过图片、视频、故事教育、情景表演、亲身体验等方式，引导幼儿尊重他人、孝敬长辈、遵守规则、节约粮食等，培养幼儿良好的文明行为，友善对待身边的人，在社会交往中，学会使用礼貌用语。

其次，以"小火车"动能课程建设培养幼儿好习惯。幼儿园的日常生活习惯、学习习惯是否有利于幼儿的终身发展，关键在于习惯是否在幼儿的成长中发挥着引导、规范、交互影响的作用。叶圣陶说过："好习惯养成了，一辈子受益"，幼儿是"一岁看小，三岁看老"的时期，其诚实、勇敢、好问、友爱、爱惜公物、不怕困难、讲礼貌、守纪律等良好的行为习惯培养，需要幼儿园从课程建设入手，有目的、有计划地对幼儿施加教育影响，把传统的文化思想、当代社会的道德规范、行为准则转化为幼儿的道德品质。九龙坡铁路幼儿园在"从这里走向美好世界"办园理念的引领下，通过发掘中国铁路文化，实施以"健康小火车、天天动起来"为核心的主题幼儿园文化，以多元智能开发课程为依据，注重对幼儿的潜能开发、个性培养，追求"培养良好习惯、培育美好未来"的育人愿景，建构形成了"小火车"动能课程体系。"小火车"动能课程体系是激发幼儿健康体能、语言才能、社会适能、科学智能、艺术美能，促进幼儿德、智、体、美、劳全面而有个性的发展的课程体系。

通过"小火车"动能课程，幼儿园做好幼儿德育，从幼儿生活中涉及德育内容的各方面入手。从家庭生活入手，塑造幼儿良好行为习惯；从幼儿园生活入手，培养幼儿良好的学习自律品质；从社会生活入手，锻炼幼儿良好的社会道德品质。通过这些手段，帮助幼儿实现自我发展，逐渐成为完善的人。

第三，以"美术"文化建设提升幼儿审美素养。九龙坡铁路幼儿园地处黄桷坪九龙半岛美术主题公园内，幼儿园的发展坚持"从这里走向美好世界"的办园理念，重点完成好"美术"为主题的三个方面建设：一是立足于幼儿天真、游戏、健康生长的理念，收集中华传统文化中具有健康、快乐、幸福生活的儿童的诗歌、童谣、故事等，进行美术环境文化氛围的营造；二是结合学前教育"五能"课程建设，区分环境的育人功能区，幼儿园整体划分为主动、智慧、美术三个环境功能区；三是设计具有健康、美术、幸福生活的幼儿园环境文化的标识、口号、园歌等，打造健康、美术、幸福生活的环境形象，注重以美育幼，打造美美成长的环境建设，加快社区幼儿美育资源的开发与利用步伐，在幼儿园大门改造、不同功能活动区的布署以及相关幼儿活动中渗透美术育幼元素，对外宣传的识别标识上形成有美术特色的设计制作等。加强美术德育，促进幼儿健康、美术、幸福成长，表现为三个方面的成长：一是传承中华优秀文化，有中华文化素养基础的成长，如知礼仪、懂分享、有感恩、有自我的成长；二是充满美感、心态向上、心理健康、个性聪明、有美术审美意识的成长，如日常行为习惯良好、父母关爱、幼儿主动参与幼儿园课程学习活动、幼儿天性绘画能力等方面的教育成长；三是具有幼儿幸福生活本质，体现现代社会信息化、网络化、法制化要求的幼儿生活化、审美化成长。具体实践上主要表现为开发美术动漫的校本课程读本，完善美术特色环境建设的"时代教育美术馆"方案、标识、流程图，引导幼儿参加各类美术欣赏与评比活动等。

第四，以管理现代化建设加快幼儿德育活动开展的现代化。九龙坡铁路幼儿园提出的"健康小火车、快乐动起来"理念把幼儿界定为一个一个的小火车，因此，幼儿管理的关键是对小火车开动起来的管理。根据依法治园的需要，九龙坡铁路幼儿园的科学管理，除了建立完善的课程制度、队伍制度、育人活动制度、民主管理制度等制度体系外，还需运用"互联网＋"现代科学管理，形成健康管理系统的智能化。引进先进的信息化大数据管理平台，班级之间通过校讯通、公共邮箱、网站等信息平台进行文件浏览、传输，实现有效的网络化办公。在幼儿德育教育活动中，利用电子信息技术，为幼儿建立起电子档案，以视频、图片、音频的方式，对幼儿的成长进行全方位的德育管理记录，幼儿德育的过程中资料保管进入云端化。幼儿园开设幼儿网上报名与咨询，开设园级德育动态、园所介绍、公告通知、大型活动介绍等信息化管理，在班级德育动态、幼儿德育动态、教师师德博客等探索市级智慧校园。

九龙坡铁路幼儿园"从这里走向美好世界"的理念，渗透幼儿德育，成为幼儿德育的新思考主题，而健康管理与好习惯培养，则将长期成为幼儿德育管理的两个支撑点。

第三章
美好的"小火车"课程

　　丰富的课程内容是幼儿园展示美好世界的重要途径。九龙坡铁路幼儿园在"从这里走向美好世界"办园理念的引领下，实施以"健康小火车、天天动起来"为核心的主题幼儿园文化，建构"小火车"动能课程体系。"小火车"喻指3—6岁幼儿是人生成长的启蒙阶段，如同一列列可爱的小火车。"小火车"动能课程以促进儿童终身发展为价值取向，从课程中实施"动起来"的意识、"动起来"的态度、"动起来"的思维、"动起来"的行为，彰显"健康小火车、天天动起来"的办园文化，以"激发动能、走向美好"的课程理念促进课程体系的完善与实施，培养具有健康体能、语言才能、社会适能、科学智能、艺术美能的"五能"宝贝，促进幼儿身心全面和谐发展，引领幼儿从这里走向美好世界。

一、"小火车"动能课程的原理

(一)幼儿教育课程的理解

1.幼儿教育课程观

教育部在《关于全面深化课程改革落实立德树人根本任务的意见》（教

基二〔2014〕4号）中指出，课程是教育思想、教育目标和教育内容的主要载体，集中体现国家意志和社会主义核心价值观，是学校教育教学活动的基本依据，直接影响人才培养质量。中共中央、国务院《关于学前教育深化改革规范发展的若干意见》中指出，学前教育是终身学习的开端，是国民教育体系的重要组成部分。教育部《幼儿园教育指导纲要（试行）》中也指出，幼儿园的教育内容是全面的、启蒙性的，可以相对划分为健康、语言、社会、科学、艺术等五个领域。从这些文件的表述来看，幼儿园的学前教育是有课程的，但没有课程的建设要求与课程的规范性管理的内容。整体认识幼儿教育的课程，可以认为是课程的准备阶段而不应是全面的课程完善阶段，也就是说幼儿园课程是初级启蒙性的课程，它不需要有完备的课程建设要求，只需要突出课程对于幼儿身心健康成长的育人作用，有一定的课程教学活动的开展，符合幼儿园保育教育需要，体现素质教育内涵等，就达到了幼儿终身学习能力开发的目的。

（1）幼儿教育课程的讨论

对于幼儿教育课程目前有三种不同的认识：一是主张幼儿教育无课程，认为幼儿园没有系统的学习要求，更没有明确的知识学习任务，主要是组织幼儿对于环境、自然和社会进行初步的感知活动，因此幼儿园谈不上课程的问题，也就是幼儿园不存在课程，而且从国家层面上讲，也没有对于学前教育提出课程的相关建设要求。二是主张幼儿教育有课程，认为课程是所有与幼儿健康成长相关的内容与活动，课程就是幼儿健康成长的全部教育内容，课程决定教育的内容与活动的组织要求，幼儿园的课程指向幼儿教育的育人内容与育人活动。三是主张幼儿教育课程是课程的启蒙，幼儿教育可以有课程但不能课程化，幼儿园课程只是课程的初级形态，如果把所有的幼儿园内容与活动都纳入课程建设中，这是一种幼儿教育课程扩大化的做法，因此幼儿教育的课程建设应当慎重思考。

（2）幼儿教育课程的"三化"

《幼儿园教育指导纲要（试行）》指出："教育活动内容的组织应充分考虑幼儿的学习方式和特点，注重综合性、趣味性，寓教育于生活、游戏之中。"为此，幼儿教育课程建设在课程实施上有"三化"（生活化、活动化、自主化）要求。生活化是指教师应充分利用多种教育资源，将幼儿的一日生活、有关的社会生活作为重要的学习内容和学习途径，呈现生活即教育的思想与实践；活动化是指幼儿的游戏，也是重要的课程资源，游戏是幼儿园课程综合的重要途径，在幼儿教育课程的实施中，应当以自由、自主、创造、愉悦的游戏精神为切入点，全面实施幼儿园的课程改革；自主化是指幼儿园课程应关注幼儿整体、和谐、主动、健康地发展，高度重视幼儿潜能的开发，促进幼儿的自主意识形成与自我管理能力的提高。

2.幼儿教育课程论

在幼儿教育课程的界定上，有专家提出三种界定方式：一是幼儿园课程就是活动科目或学习科目，重点是知识的学习，活动的效果在于知识学习掌握效果，这种界定有幼儿园小学学习化的课程界定性质；二是幼儿园课程就是活动，包括生活活动、游戏活动、体育运动等，因此课程建设就是活动设计与组织，这种界定方式得到多数幼儿园的认同，也就是课程活动论；三是幼儿园课程就是经验，认为幼儿园课程是儿童在幼儿园环境获得的旨在促进其身心全面发展的教育经验。幼儿园课程主要在于幼儿的体验，体验就是课程，这是幼儿课程的经验论。

（1）陈鹤琴课程论

中国近代的"幼儿教育之父"陈鹤琴实践新教育各种主张，积极推进教育改革，其课程论主张"活教育思想理论"，幼儿教育的全部课程都包括在"五指活动"中，即健康活动、社会活动、科学活动、艺术活动和文学活动中；"活教育"课程育人的目的是"做人，做中国人，做现代中国人"，落实到幼儿教育目的上是培养幼儿具备以下五个方面的素质，即健全的身体，有建设的能力，有创造的能力，能够合作，有服务精神。"活"的课程体系如同人手的五指是活的一样，五指活动在幼儿生活中结成一个教育的网，有组织、有系统、合理地编织在幼儿的生活上，这种课程是整体和连贯的。

（2）陶行知课程论

陶行知课程理论作为教育思想（生活即教育、社会即学校，教学做合一）的重要组成部分之一，带有浓厚的生活教育色彩。陶行知课程理论倡导要读可用的书、编写生活用书为教材、教授以生活为中心的内容、以"教学做合一"为教学方法，实践人的创造教育理论和教育思想。生活课程论对幼儿教育课程而言，是要在推进幼儿园课程游戏化的过程中，将课程、游戏、教学有机结合，以生活为幼儿教育的源泉，让幼儿教育回归生活，把游戏还给幼儿，最大限度地实现幼儿园课程的生活化、游戏化，最终促进幼儿全面健康的发展。

（二）幼儿园课程建设的原理与方法

幼儿教育的课程建设是一种行为规范的制定与行为活动的设计方案的完善，因此课程建设的原理与方法，其实就是对于幼儿的行为规范的理念、思路、实践、效果的原理与方法。

1.幼儿行为认知原理

幼儿行为是指受其思想支配而表现出来的外表活动，主要分为生活行为、学习行为、社会交往行为三个方面。根据人的素质形成与完善受遗传、环境、教育、实践活动不同因素影响的观点，幼儿行为在其思想支配上存在气质、环境、家庭教育、早期参与生活实践、学习实践、自我教育等方面的差异。因此，在认知幼儿行为上，重要的是把握幼儿行为的差异及分析其影响的因素。

2.幼儿行为管理原理

管理是人性的设计，幼儿的行为管理是对幼儿人性的分析。根据中国古代关于人性的善、恶、白板说，以及现代管理学中关于人是经济人、社会人、复杂人的假设，幼儿行为管理，从人性的角度讲，要以其表现出来的行为进行有针对性的管理。从性善的角度讲，幼儿行为管理主要表现为学习的管理，喜欢学习，对活动有参与的兴趣，懂得初步的交往礼仪等；从性恶的角度讲，幼儿的不良行为、攻击行为、不友好行为等，都是其人性中的恶的表现；从白板角度讲，幼儿的行为不存在好坏，重要的是出生后家庭教育、环境条件的影响，好的家教、启蒙环境，都是幼儿良好行为形成的基础。从经济人的角度讲，在幼儿行为管理上要给予必要的物质鼓励；从社会人的角度讲，在幼儿行为管理上要把握好伙伴关系，要完成一定的学习任务，要懂得必要的文明礼仪等；从复杂人的角度讲，幼儿的行为管理需要结合多方面的管理手段，包括物质与精神结合的手段、亲情与友情结合的手段、园内与园外结合的手段等。

3.幼儿行为想象原理

想象是个性化发展的基础，更是幼儿行为中最核心的问题。想象心理支配个性化行为，想象在幼儿时期是重要的心理发展指标，是动作思维为主导向形象思维转变的代表。人的想象心理是人对于客观事物的表象加工组合，指向未来的一种心理活动，表象的反应能力，以及表象的运动组合能力，是幼儿心理成长的关键素质，很多时候，幼儿的想象心理支配其行为，故称之为想象行为。许多幼儿教育专家认为，幼儿期间的想象力培养，以及想象行为的肯定与欣赏教育，是幼儿园课程理解里要特别加以重视的，不少的课程与活动不仅不具有培养与肯定幼儿想象力，更是约束其想象行为的课程与活动的。

4.幼儿园课程建设方法

幼儿园课程建设主要有三个方面的方法：一是行为认知方法，如何认识幼儿的行为，其实就是课程建设的行为，如果把幼儿行为区分为生活行为、学习行为、社会交往行为，也就可以把课程分为生活课程、学习课程、社会交往课程等。二是行为管理方法，如何管理幼儿的行为，依据不同的人性假设对幼儿进行管理，也就有不同的幼儿教育课程建设，比较多的幼儿行为管理课程是落实到幼儿的行为习惯管理、幼儿良好行为品质的管理上，它可以成为幼儿园的

园本课程或特色课程建设。三是行为想象的方法，如果把幼儿想象力培养作为幼儿园核心素养培养的课程建设，则需要从幼儿想象力开发的想象动手、想象动脑、想象成长的方面建设课程，因此可以把课程建设放到动手、动脑、个人成长的课程思考上，如想象画、想象说、想象未来的我等不同的课程建设上。

（三）幼儿园课程体系现状及分析

1.幼儿园开设的课程类型

关于九龙坡铁路幼儿园幼儿教育的课程类型，根据课程所呈现的性质，分为基础、游戏和特色三个类型。研究调查显示，在九龙坡铁路幼儿园幼儿教育开展的课程当中，大多数的基础课程是以主题教学活动为主，分科教学为辅，部分幼儿园是以领域教学作为基础课程。关于游戏课程的开设，九龙坡铁路幼儿园较多地开展区角活动、创造型的游戏和教学游戏，其中比例较大的是教学游戏。而且大多数幼儿园都开设了自己的特色课程，特色教育课程多以艺术教育课程为主，还有一些阅读和英语相关内容的教育。

2.幼儿园开设课程的课时

目前，我国幼儿园的课时要求没有统一的硬性规定，每个幼儿园的课时都有所差别。但是从整体角度看，我国幼儿园课时比重较高的课程是基础课程，也保持着比较稳定的趋势，一般为一天两次。存在差异的课时大多是在游戏课程和特色课程上。

3.幼儿园课程存在问题及解决方法

从我国幼儿园课程结构现况分析，不难看出，多元化的教育趋势已经慢慢显现出来，虽然还处于初级发展阶段，但也存在很多问题。要解决这些存在的问题，就需要幼儿园在以下两方面进行改革和创新。首先，是确

立科学、合理的理念。理念是灵魂，只有科学、合理的课程理念，才能够引导幼儿园开展合理的、具有创新性的课程。大多数从事幼儿教育的工作者，对学前教育体系的知识还处于茫然阶段，不具备一个完整系统的幼儿教育知识体系，导致很多幼儿教育工作者对课程理念这一概念并不了解。随着现今社会的高速发展，人类自我意识也在逐渐增强，对教师而言，幼儿教育要站在幼儿角度思考其需要什么，而不是像以往站在成人角度或是站在自己的角度作为幼儿教育的标准。其次，课程结构类型的相互合作。课程类型的设计需要符合幼儿需求，三种类型课程相结合，可以最大程度地发挥课程效应，吸引幼儿参与，调动幼儿的积极性。关于基础课程的设计，还需要保持主题形式教育的主要地位，抛弃以往的教材教育，对主题形式教育进行创新。关于游戏课程的设计，一定要以幼儿为主导，最大限度地满足幼儿的需求。关于特色课程的设计，应该以符合幼儿的优点、特点，满足幼儿的兴趣为设计标准。另外，特色课程作为课程类型的一部分，需要和其他两种类型课程相结合，不应该独立存在。在设置幼儿园课程时，需要考虑到幼儿的体力等因素，要保证课时的设计是符合幼儿的体力和脑力发展的，不应该强行附加在幼儿身上。尤其是集体活动，一天应该保持在三次以内。这样的课程设计，一是有利于教师集中精力，不至于注意力分散导致手忙脚乱。二是能够保证幼儿自主进行学习，不至于一直跟从教师。而且这样的课程设计也是符合幼儿身心发展的，有利于促进幼儿健康成长。幼儿园在开展课程教育时，应该改变以往的陈旧观念，保教结合，注重幼儿的全面发展，真正做到在教育中将幼儿放在主导地位。

二、"小火车"动能课程的设计

（一）"小火车"动能课程体系建设背景

九龙坡铁路幼儿园"小火车"动能课程体系建设有三个方面的课程背景：一是园本文化背景，幼儿园提出"从这里走向美好世界"的办园理念，办园愿景定位在"培养良好习惯、培育美好未来"上，园本课程建设的关键是传承铁路文化"健康小火车、天天动起来"。二是基于国家关于幼儿园课程建设的五大领域，即健康、语言、社会、科学、艺术，提出了开发幼儿五个方面潜能，包括健康体能、语言才能、社会适能、科学智能、艺术美能的课程建设整体设计，以促进对幼儿德、智、体、美、劳全面和谐发展的思考。三是课程资源背景，强调九龙坡铁路幼儿园课程建设需要开发利用好园内与园外课程资源，园内课程资源是幼儿园历史发展过程中积累下来的课程优质、优化、特色性的课程资源，如篮球课程、生态农场、环境课程等；园外课程主要是网络线上的幼儿教育活动课程资源，以及社区提供的区域文化性的课程资源，如重庆故事、黄桷坪美育课程资源等。

（二）"小火车"动能课程体系界定

"小火车"动能课程体系以促进儿童终身发展为价值取向，以"激发动能、走向美好"的课程理念为导向，以培育幼儿良好习惯及成就美好未来为目标，不断完善与实施课程体系。"小火车"动能课程由基础动能课程、特色动能课程、拓展动能课程三部分组成。基础动能课程占70%，特色动能课程占20%，拓展动能课程占10%。"小火车"动能课程各个版块组合就像一列小火车，在火车头的带领下，各节车厢动力十足，加速前进，使幼儿获得相对完整的经验，促进其身心全面和谐发展。

（三）"小火车"动能课程体系的文化思考

1.课程文化

课程理念：激发动能，走向美好；课程目标：培养具有健康体能、语言才能、社会适能、科学智能、艺术美能的"五能"宝贝，促进其身心全面和谐发展；课程教学："五性"（游戏性、生活性、操作性、体验性、个体性）教学；课程管理：课程资源管理与课程教学管理；课程评价："五能"（"五能"宝贝、"五能"教师、"五有"园所）评价体系。

2.课程内容

（1）基础动能课程

基础动能课程包括五大领域课程内容，以学习、运动、生活、游戏的形式开展，强调一日活动的综合教育作用，不同活动之间互相渗透，有机整合，注意动静交替。充分利用家长资源开展家长义工、家长助教、亲子活动、家长开放日、家长课堂活动，提高家庭教育管理能力，家、园携手，提高共育质量。

（2）特色动能课程

特色动能课程包括健康特色课程和艺术特色课程。健康特色课程利用宽敞的户外场地和篮球场、足球场、九大户外游戏区开展，运用健康管理云平台大数据分析、指导，建议开展幼儿健康课程云课堂，保护、改善幼儿身体、心理健康发展；艺术特色课程运用九大功能室、不同场景的美术馆开展特色美术课程，注重幼儿的体验，使幼儿萌发对美的感受和体验，丰富其想象力和创造力，提升表现美和创造美的能力。

（3）拓展动能课程

拓展动能课程包括亲子早教课程和入学准备课程。亲子早教课程是以幼儿园丰富的文化资源和环境资源为载体，通过亲子游戏、绘本阅读、感统游戏、各功能室体验活动等多种形式开展寓教于乐的线下亲子游戏活动和线上亲子视频操、线上家园快乐连线活动。入学准备课程以康康进阶活动、乐乐进阶活动、小爱进阶活动、小新进阶活动和家园线上活动为主，注重能力迁移、寓教于乐，解决幼儿不会听讲、坐不住、走神、粗心、磨蹭、做小动作、丢三落四、不会与同学相处等问题，为顺利适应小学生活做好身心准备、生活准备、社会准备、学习准备。

3.课程实施

（1）课程实施的原则

课程实施的原则包括游戏性原则、生活化原则、操作性原则、体验性原则和个性化原则。

①游戏性原则。坚持以游戏为主，贯穿在五大领域课程以及特色课程、体验课程、社团课程、共育课程。

②生活化原则。课程与生活紧密结合，源于生活，回归生活，幼儿在一日生活学习中学会自我服务，为他人服务。

③操作性原则。在各项课程实施过程中为幼儿提供充足的材料支撑，鼓励幼儿大胆尝试、操作，在实践中学习。

④体验性原则。尊重兴趣，重视幼儿的动手操作，鼓励幼儿主动探索、培养合

作能力，在活动体验中学习。

⑤个性化原则。在区角活动、社团课程中创设幼儿自主选择的机会和条件。

（2）课程实施策略

课程实施策略包括分时分段实施、主题活动实施和家园社协同实施。

①分时分段实施。按照不同年龄段分不同时段实施，使"小火车"动能课程落地。

②主题活动实施。以节日活动为契机设计主题活动实施，使"小火车"动能课程落地。

③家园社协同实施。幼儿园、家长、社区街镇协同实施，使"小火车"动能课程落地。

三、"小火车"动能课程的实践

（一）"小火车"动能课程体系建设重点

九龙坡铁路幼儿园"小火车"动能课程体系建设需要重点解决的问题有两个方面。一是理性思考的问题。幼儿园重视"从这里走向美好世界""培养良好习惯、培育美好未来""健康小火车、天天动起来"等园本文化在课程建设中的引领、丰富与实践操作作用，但其内在的逻辑联系需要很好的思考，如幼儿走向的美好世界同培育美好未来之间的统一，至少需要立足于幼儿成为一个对社会有一定感恩、愿意成为参与社会建设与发展的人上进行课程育人思考；再如"健康小火车、天天动起来"对于"小火车"动能课程育人功能的实现，只是一种假设而不是一种目标性导向，课程育人的关键在于"小火车"动能课程与"培养良好习惯、培育美好未来"的目标达成。二是实践操作的问题。课程建设的效果在于实践操作上，九龙坡铁路幼儿园的课程作为启蒙课程，只能是以幼儿的活动与操作为主，不应以教师的教学操作为主。

（二）"小火车"动能课程建设实践操作

1.课程建设的机构

幼儿园课程建设是幼儿园发展的核心建设，需要有强力的组织机构作为支撑，建立以园长为组长，以分管园长为研究管理副组长，中层干部与骨干教师为组员的课程建设与实施机构是很有必要的。

2.课程建设的研究

课题研究是推进课程建设的重要保障，是确保课程建设符合国家课程建设要求，突出园本特色课程体系的需要。建议幼儿园申报课程建设的课题研究项目，如九龙坡铁路幼儿园课程资源利用的途径与对策课题或项目，园内通过组织多个方面的小课题研究申报，解决课程建设过程中的若干具体问题。

3.课程建设的管理

课程建设离不开科学、有效的管理。一是人员管理，对于参加人员要全员参加，要有任务驱动；二是经费管理，幼儿园要设立专项经费加以保障；三是专家管理，要突出专家对课程建设的指导作用；四是资料管理，要有网络资源建设的意识，还要对课程建设的过程资料进行保存。

4.课程建设的评价

课程建设的评价可以分为两个方面：一是园外评价，包括上级主管部门对课程建设的评价指导，聘请社会评价机构对课程建设的效果进行有针对性的评价指导，家长评价；二是园内评价，包括"五能"宝贝、"五能"教师、"五有"园所评价。

5.课程建设的发展

发展才是硬道理，课程建设同样需要改革发展，其重要的动力来自两个方面：一是幼儿园的特色建设，有特色的课程建设，才有特色的办园基础；二是来自不同课程建设的改革要求，如新的安全教育、劳动教育，国家意见的落实等。

四、案例展示

案例："小火车"动能课程体系建设方案

1.课程背景

（1）国家背景

党的十九大和全国教育大会精神，充分体现立德树人的鲜明导向，倡导德智体美劳"五育并举"。《中国教育现代化2035》提出:"培养德智体美劳全面发展的社会主义建设者和接班人,加快推进教育现代化、建设教育强国、办好人民满意的教育。"

（2）区域背景

九龙坡区聚集"五五行动"教育改革发展规划,紧紧围绕"办好人民满意的教育、建好新时代教育强区"的目标,在"做强高中、做优初中、做特小学、做大幼儿教育、做精职教"五大任务上发力,深化课堂教学改革,推广生本课堂、行知课堂、高效课堂,凝练一批优秀的课改成果、课程案例、课堂模式,构建"自主、合作、探究、创新"的新型教学关系。我园毗邻的四川美术学院和黄桷坪涂鸦一条街,有丰富的人文环境和美术资源。

（3）园所背景

我园创建于1956年,是九龙坡区教委直属公办园,重庆市示范幼儿园,九龙坡区学前教育先进单位。2020年,我园在传承健康特色历史积淀的基础下,以全面落实立德树人为根本任务,提出"从这里走向美好世界"的办园理念,实施以"健康小火车、天天动起来"为核心的主题幼儿园文化,追求"培养良好习惯、培育美好未来"的育人愿景。

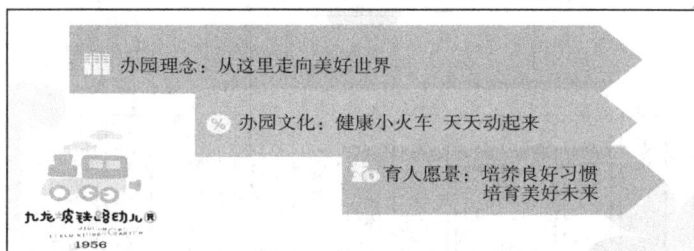

2.课程理念

"小火车"动能课程理念是:激发动能、走向美好。

"小火车"动能课程以促进儿童终身发展为价值取向,从课程实施中"动起来"的态度、"动起来"的思维、"动起来"的行为,彰显"健康小火车、天天动起来"的办园文化,以"激发动能、走向美好"的课程理念促进课程体系的完善与实施,引领幼儿从这里走向美好世界。

3.课程目标

培养具有健康体能、语言才能、社会适能、科学智能、艺术美能的"五能"宝贝，促进其身心全面和谐发展。

根据《3—6岁儿童学习与发展指南》，从5个维度梳理出二级目标：

①健康体能：热爱运动、自信勇敢、习惯良好。

②语言才能：喜欢阅读、认真倾听、自信表达。

③社会适能：遵守规则、乐于交往、情绪良好。

④科学智能：主动探究、仔细观察、乐于操作。

⑤艺术美能：知美爱美、大胆尝试、乐于创造。

4.课程框架

（1）课程框架图

九龙坡铁路幼儿园"小火车"动能课程框架图

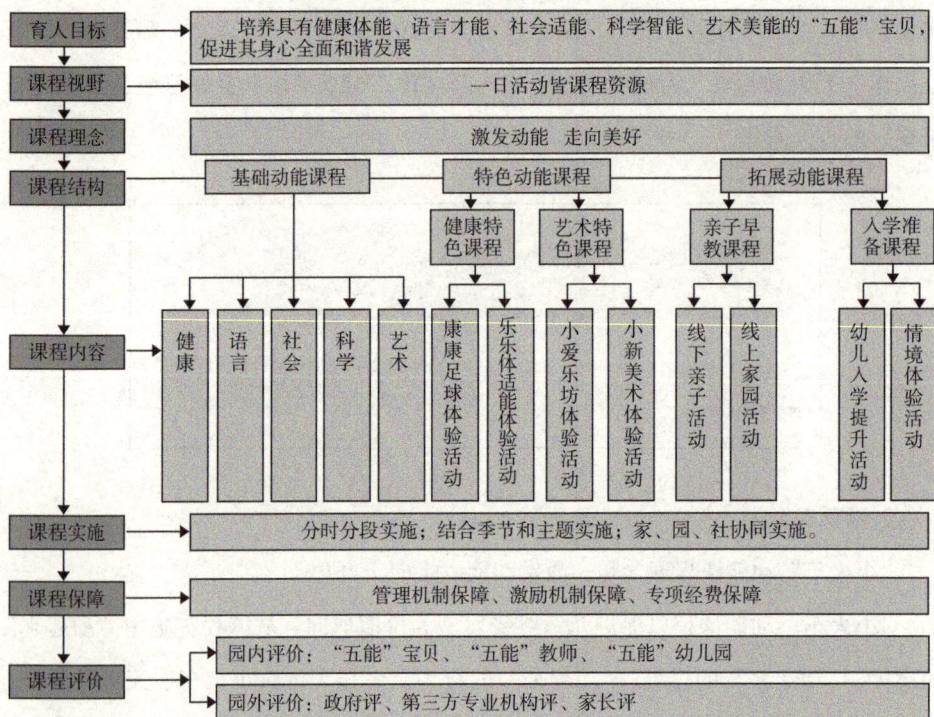

（2）课程板块图

①"小火车"动能课程分类图。"小火车"动能课程由基础动能课程、特色动能课程、拓展动能课程3部分组成。基础动能课程占70%，特色动能课程占20%，拓展动能课程占10%。"小火车"动能课程各板块就像一列小火车，在火车头的带领下，各节车厢动力十足，加速前进，使幼儿获得相对完整的经验，促进其身心全面和谐发展。

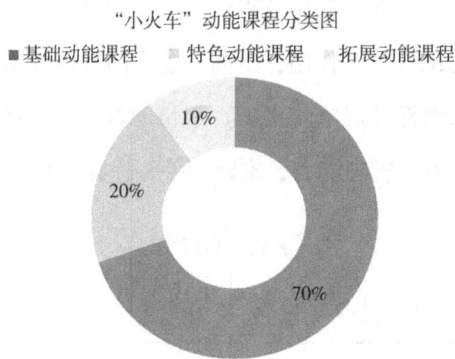

"小火车"动能课程分类图

■基础动能课程　　特色动能课程　　拓展动能课程

②"小火车"动能课程形态导图。

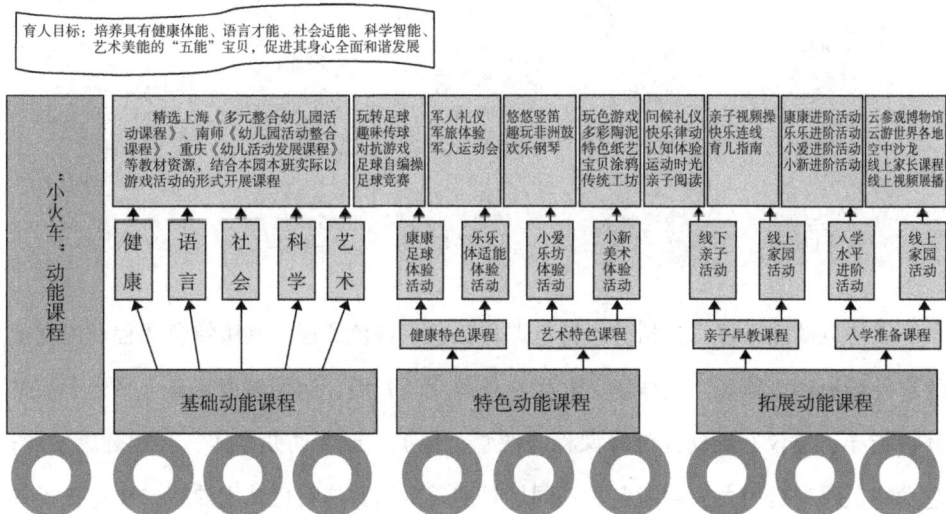

育人目标：培养具有健康体能、语言才能、社会适能、科学智能、艺术美能的"五能"宝贝，促进其身心全面和谐发展

5.课程实施与课程资源

（1）课程实施

以幼儿园一日活动为实施途径，充分调动各种资源，在五大领域基础上结合现代科学技术与大数据管理，融合特色课程，拓展课程，注重体验，有机渗透，面向全体，尊重个体差异，让幼儿养成良好习惯，全面和谐发展。

A.课程内容。

①基础动能课程：包括五大领域课程内容，以学习、游戏、运动、生活的形式开展，强调一日活动的综合教育作用，不同活动之间互相渗透，有机结合，注意动静交替。充分利用家长资源开展家长义工、家长助教、亲子活动、家长开放日、家长课堂活动，提高家庭教育管理能力，家园携手，提高共育质量。

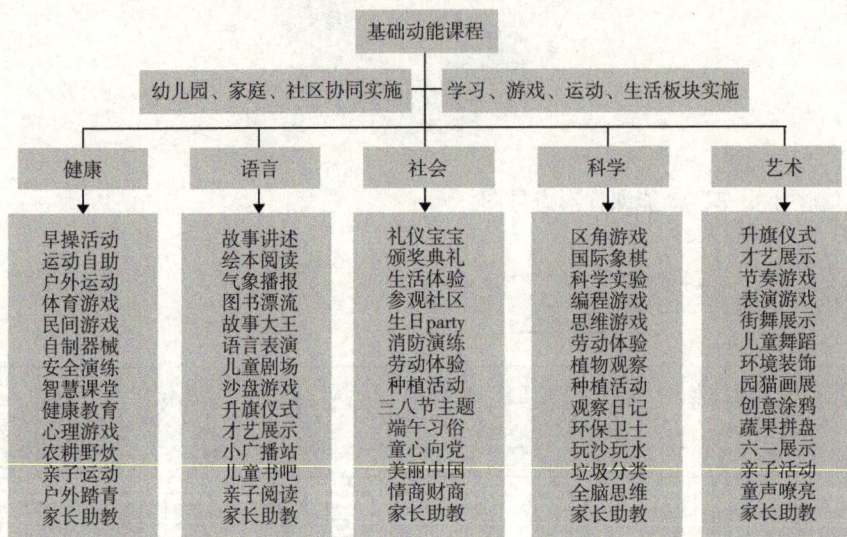

基础动能课程

幼儿园、家庭、社区协同实施 — 学习、游戏、运动、生活板块实施

健康	语言	社会	科学	艺术
早操活动	故事讲述	礼仪宝宝	区角游戏	升旗仪式
运动自助	绘本阅读	颁奖典礼	国际象棋	才艺展示
户外运动	气象播报	生活体验	科学实验	节奏游戏
体育游戏	图书漂流	参观社区	编程游戏	表演游戏
民间游戏	故事大王	生日party	思维游戏	街舞展示
自制器械	语言表演	消防演练	劳动体验	儿童舞蹈
安全演练	儿童剧场	劳动体验	植物观察	环境装饰
智慧课堂	沙盘游戏	种植活动	种植活动	园猫画展
健康教育	升旗仪式	三八节主题	观察日记	创意涂鸦
心理游戏	才艺展示	端午习俗	环保卫士	蔬果拼盘
农耕野炊	小广播站	童心向党	玩沙玩水	六一展示
亲子运动	儿童书吧	美丽中国	垃圾分类	亲子活动
户外踏青	亲子阅读	情商财商	全脑思维	童声嘹亮
家长助教	家长助教	家长助教	家长助教	家长助教

②特色动能课程：包括健康特色课程和艺术特色课程。健康特色课程利用宽敞的户外场地和篮球场、足球场、九大户外游戏区开展，运用健康管理云平台大数据分析指导，建议开展幼儿健康课程云课堂，保护、改善幼儿身体、心理健康发展；艺术特色课程运用九大功能室、不同场景的美术馆开展特色美术课程，注重孩子的体验，萌发幼儿对美的感受和体验，丰富其想象力和创造力，提升表现美和创造美的能力。

```
                        特色动能课程
        ┌──────────────────────┬──────────────────────┐
  本园教师、外聘专业教师              户外场地、九大功能室、
      共同实施                    九大户外游戏区实施
        └──────────────────────┴──────────────────────┘
        ┌──────────────────┐        ┌──────────────────┐
          健康特色课程                  艺术特色课程
    ┌───────────┬───────────┐    ┌───────────┬───────────┐
    康康足球      乐乐体适能      小爱乐坊      小新美术
    体验活动      体验活动        体验活动      体验活动
    ↓            ↓              ↓            ↓
    玩转足球      军人礼仪        悠悠竖笛      玩色游戏
    趣味传球      军旅体验        趣玩非洲鼓    多彩陶泥
    对抗游戏      军人运动会      欢乐钢琴      特色纸艺
    足球自编操                                 宝贝涂鸦
    足球竞赛                                   传统工坊
```

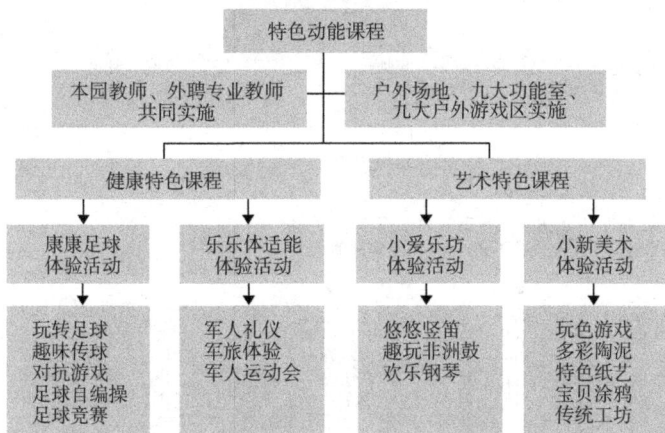

③拓展动能课程：包括亲子早教课程和入学准备课程。亲子早教课程是以幼儿园丰富的文化资源和环境资源为载体，通过亲子游戏、绘本阅读、感统游戏、各功能室体验活动等多种形式开展寓教于乐的线下亲子游戏活动和线上亲子视频操、线上家园快乐连线活动。入学准备课程以康康进阶活动、乐乐进阶活动、小爱进阶活动、小新进阶活动和家园线上活动为主，注重能力迁移、寓教于乐，解决幼儿不会听讲、坐不住、走神、粗心、磨蹭、做小动作、丢三落四、不会与同学相处等问题，为顺利适应小学生活做好身心准备、生活准备、社会准备、学习准备。

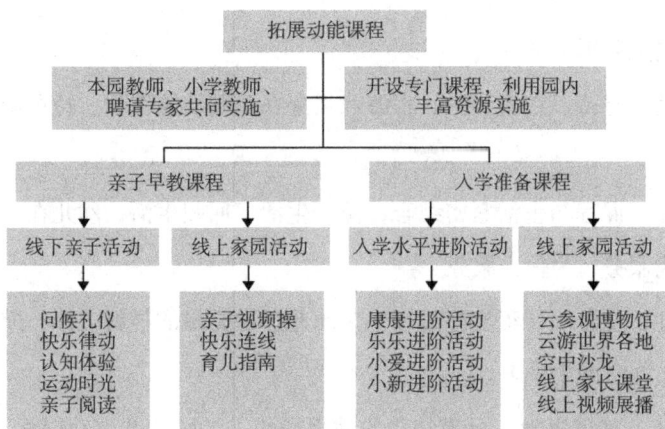

```
                        拓展动能课程
        ┌──────────────────────┬──────────────────────┐
  本园教师、小学教师、              开设专门课程，利用园内
    聘请专家共同实施                丰富资源实施
        └──────────────────────┴──────────────────────┘
        ┌──────────────────┐        ┌──────────────────┐
          亲子早教课程                  入学准备课程
    ┌───────────┬───────────┐    ┌───────────┬───────────┐
    线下亲子活动   线上家园活动    入学水平进阶活动  线上家园活动
    ↓            ↓              ↓            ↓
    问候礼仪      亲子视频操      康康进阶活动   云参观博物馆
    快乐律动      快乐连线        乐乐进阶活动   云游世界各地
    认知体验      育儿指南        小爱进阶活动   空中沙龙
    运动时光                      小新进阶活动   线上家长课堂
    亲子阅读                                   线上视频展播
```

```
                          入学准备课程
                              │
    ┌─────────────────────────┴─────────────────┐
结合《3—6岁儿童学习与发展指南》，北师大        幼儿园、家庭、社区
钱志亮教授《儿童入学成熟水平提升课程》            协同实施
                              │
    ┌─────────────────────────┴──────────────┬───────────┐
              入学水平进阶活动                        线上家园活动
```

康康进阶活动（身心准备）	乐乐进阶活动（生活准备）	小爱进阶活动（社会准备）	小新进阶活动（学习准备）	线上家园活动
1. 健康活动——身体静态、动态指标采集及大数据报告 2. 特色运动——篮球、足球、军体操、户外运动自助餐 3. 综合活动——上小学的担忧 a. 调查问卷 b. 谈话 c. 分享交流 4. 绘画活动——我心中的小学 5. 上课、写字、画画、看书姿势正确 6. 区域活动——建构我心目中的小学 7. 亲子活动——设计上学路线图 8. 社会实践——参观小学	1. 语言活动——怎样当个小学生 2. 生活活动——我会整理小书包、整理玩具、当好值日生 3. 健康活动——我的生活作息时间表 4. 谈话活动——和文具做朋友 5. 区域活动——系鞋带、扣扣子 6. 亲子绘画活动——我知道的安全标志 7. 家长助教——英勇的警察 8. 主题活动 a. "小火车"绿色行动 b. 全员大劳动——清理玩具 c. 五一劳动节主题 d. "童心向党"国家安全在我心	1. 交友大联欢——制作名片，到各班进行自我介绍 2. 综合活动——我上小学了（认识红领巾、了解上课的规则） 3. 评比活动——文明宝宝评选 4. 亲子活动——模拟小课堂 5. 谈话活动——制定班级公约 6. 主题活动 a. 创意主题活动：我心中的园猫 b. 清明节主题活动 c. "三·八"系列活动——特别的爱给特别的你 7. 亲子活动——制作家庭任务卡 8. 亲子活动——参观红色教育基地	1. 国旗下的讲话——讲述红色故事 2. 前书写——快乐签到 3. 前阅读——身体的秘密 4. 艺术活动——自制学习文具 5. 语言活动——我制作的象形文字 6. 科学活动——种植、观察活动 7. 科学活动——种植观察记录、我的游戏计划、我的运动计划 8. 科学活动——科学小游戏 9. 探索活动——迷宫游戏、国际象棋、艺术创作、数学游戏、穿线游戏、拼图游戏 10. 语言表达——晨间天气播报活动 11. 语言表达——小火车广播站 12. 图书漂流主题活动——亲子共读、阅读书、故事大王评选	云参观博物馆 云游世界各地 空中沙龙 线上家长课堂 线上视频展播

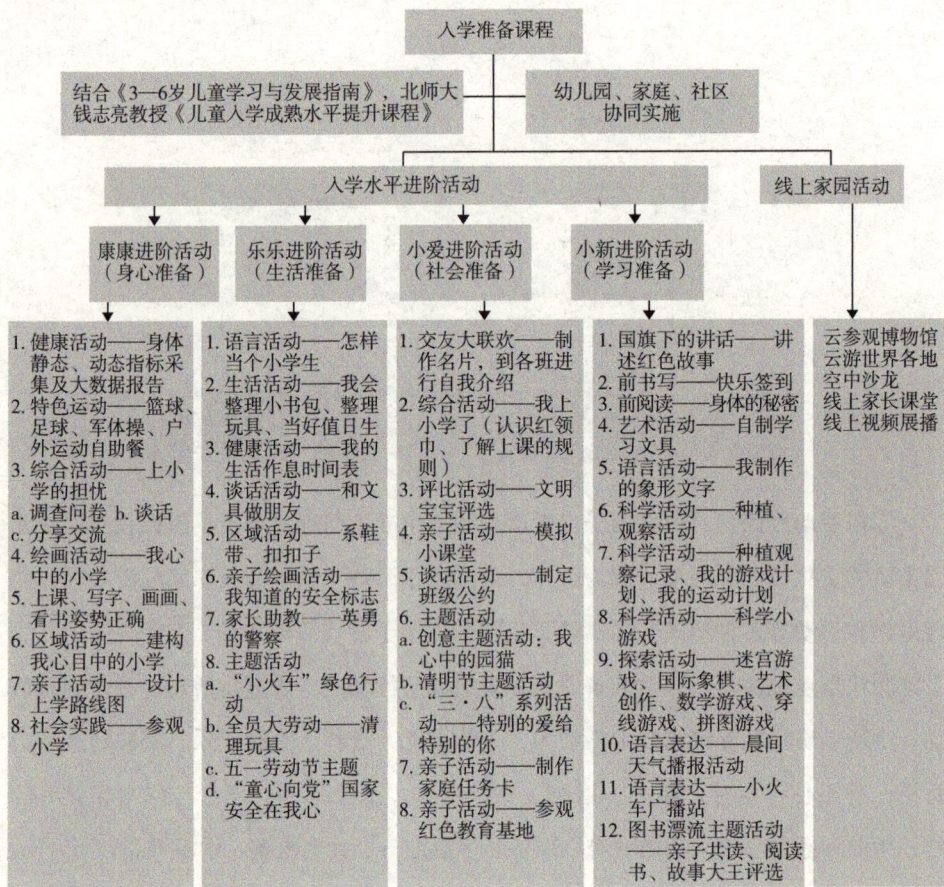

B.课程实施原则。

①游戏性：坚持以游戏为主，将游戏贯穿在基础动能课程、特色动能课程、拓展动能课程。

②生活化：课程与生活紧密结合，源于生活，回归生活，幼儿在一日生活、学习中学会自我服务，为他人服务。

③操作性：在各项课程实施过程中为幼儿提供充足的材料支撑，鼓励幼儿大胆尝试、操作，在实践中学习。

④体验性：尊重兴趣，重视幼儿的动手操作，鼓励幼儿主动探索、培养合作，在活动体验中学习。

⑤个性化：在一日活动各个环节中创设幼儿自主选择的机会和条件。

C.课程实施策略。

①整合实施。三大课程、五大领域整合实施，使"小火车"动能课程落地。

②主题实施。多元主题活动与生活节日主题整合实施，使"小火车"动能课程落地。

③协同实施。幼儿园、家长、社区街镇协同实施，使"小火车"动能课程落地。

（2）课程资源

A.园内课程资源。

①教材资源。上海《多元整合幼儿园活动课程》、南师《幼儿园活动整合课程》、重庆《幼儿活动发展课程》。

②文化资源。幼儿园历史悠久，做过"生活常规教育研究""自制体育器械促进户外体育活动研究""幼儿园生态化户外体育活动课程建构的实践研究"等课题研究，开设了近一年的篮球课程及相关健康特色课程，为课程建设提供了宝贵的研究经验和第一手素材，园内各项主题活动的开展和资料也是用以研究的第一手资料，为课程推进奠定基础。

③环境资源。幼儿园已开设九大功能室，包括：小康体能室、小爱阅读吧、机器人俱乐部、户外玩沙区、小厨师体验室、奥乐夫音乐室、小木工体验室、乐乐美工室、传统文化体验室；九大户外游戏区，包括：走跑跳区、平衡区、攀爬悬吊区、投掷区、民间游戏区、丛林探秘区、野炊区、生态农场、骑车区，成为幼儿参加各种活动重要的课程资源。此外，幼儿园将建成4个不同场景的美术馆，重新规划、设计的篮球场、足球场也将成为重要的课程资源。

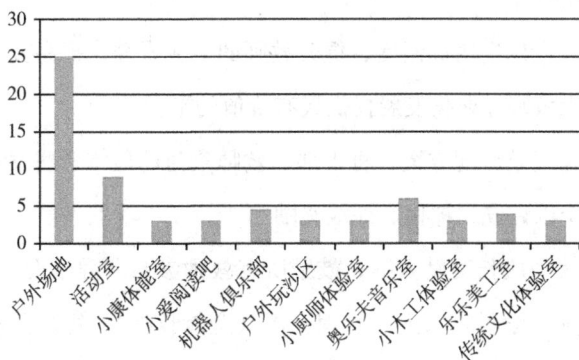

④素材资源。教师、幼儿生活中的经验，幼儿的游戏活动，师幼互动的素材，经过提炼和筛选也能即兴生成教育活动，成为非常宝贵、非常直接的课程资源。

B.园外课程资源。

园外课程资源包括专家资源、专业教师资源、家庭资源、家长助教资源、图书馆、科技馆、博物馆、军旅基地、铁路小学、动物园、四川美术学院等都是可以利用的园外课程资源。

C.网络资源。

网络资源包括云平台、大数据、文字信息、图形图像信息、多媒体信息等。

6.课程保障

（1）管理机制保障

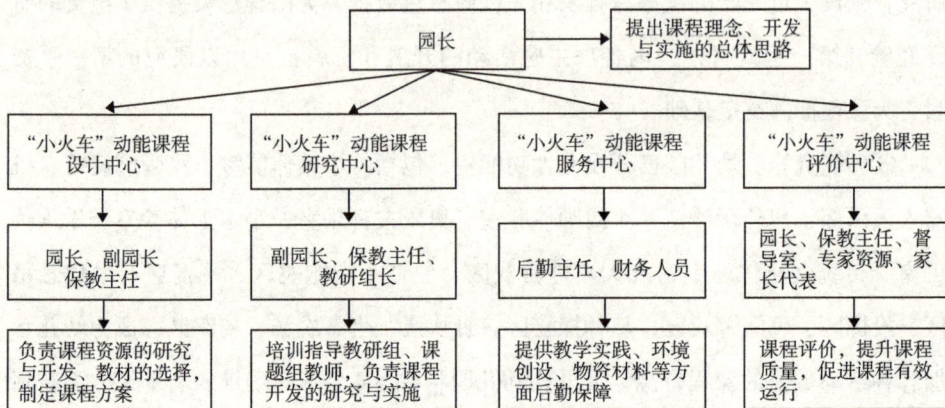

```
                    ┌──────────┐      ┌──────────────────┐
                    │   园长   │─────▶│ 提出课程理念、开发 │
                    └──────────┘      │ 与实施的总体思路  │
                                      └──────────────────┘

┌────────────┐  ┌────────────┐  ┌────────────┐  ┌────────────┐
│"小火车"动能课程│  │"小火车"动能课程│  │"小火车"动能课程│  │"小火车"动能课程│
│  设计中心   │  │  研究中心   │  │  服务中心   │  │  评价中心   │
└────────────┘  └────────────┘  └────────────┘  └────────────┘

┌────────────┐  ┌────────────┐  ┌────────────┐  ┌────────────┐
│园长、副园长 │  │副园长、保教主任、│  │后勤主任、财务人员│  │园长、保教主任、督│
│保教主任    │  │教研组长    │  │          │  │导室、专家资源、家│
│          │  │          │  │          │  │长代表      │
└────────────┘  └────────────┘  └────────────┘  └────────────┘

┌────────────┐  ┌────────────┐  ┌────────────┐  ┌────────────┐
│负责课程资源的研│  │培训指导教研组、课│  │提供教学实践、环境│  │课程评价，提升课程│
│究与开发、教材的│  │题组教师，负责课程│  │创设、物资材料等方│  │质量，促进课程有效│
│选择，制定课程方│  │开发的研究与实施 │  │面后勤保障   │  │运行      │
│案         │  │          │  │          │  │          │
└────────────┘  └────────────┘  └────────────┘  └────────────┘
```

（2）激励机制保障

①形成教师人人外出培训制度，提升教师的专业素养，提高教师参与课程研究和实施的能力，为教师专业化发展提供最有价值的平台。

②完善幼儿园绩效分配方案，将干部、教师参与课程体系建设情况作为重要的绩效考核内容，予以评先、评优、评级奖励。

③设置园内教师成长奖励方案，鼓励所有教师参与课程建设、参与课题研究，评选园内骨干教师、学科带头人、管理干部（全能教师），每月考核后兑现专项工资待遇。

（3）专项经费保障

幼儿园拨付课程研究专项经费，用于课程环境的创设、教师的培训与奖励，教具、学具的添置，保障课程实施。

7.课程评价

课程评价就是在对课程的计划、活动以及结果等有关问题的量或质的记述的基础上做出价值判断的过程。课程评价应该有利于幼儿的发展，充分发挥教师的主体性，改进与发展课程。课程评价还应该科学、有效。首先，教师要树立过程质量观念，找准课程质量评价的核心；其次，建立多主体参与的课程评价机制，通过对评价信息的分析，全面诊断问题，制定和实施课程改进方案，提升课程质量。

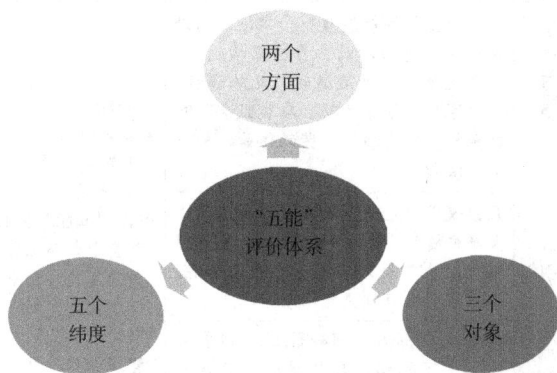

铁路幼儿园"五能"评价体系

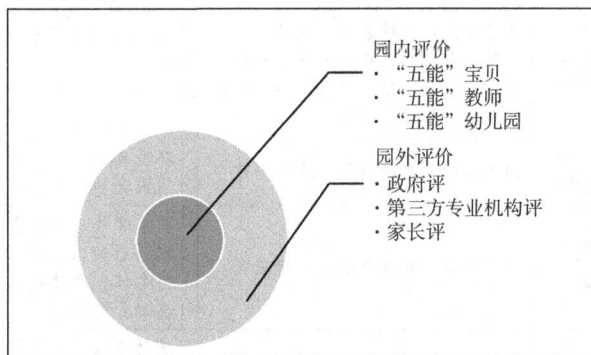

园内评价
· "五能"宝贝
· "五能"教师
· "五能"幼儿园

园外评价
· 政府评
· 第三方专业机构评
· 家长评

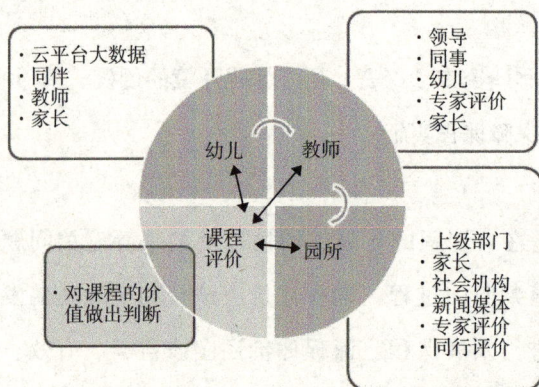

"五能"宝贝、"五能"教师、"五有"园所评价板块一览表见下表。

评价对象	评价指标	评价内容	评价方式
幼儿	"五能"宝贝	**健康宝贝** 云平台大数据动态监测、早操、运动自助餐、自由活动、自选器械运动、亲子运动会、远足运动、足球课程、军体课程、篮球运动、自我服务、自我保护、安全演练、劳动体验、节日主题活动	口头评价 自我评价 幼儿观察记录 教育故事 班级"五能"宝贝评比墙 "全能小火车优秀班级"评比 "健康宝贝"勋章 "口才宝贝"勋章 "文明宝贝"勋章 "智慧宝贝"勋章 "创意宝贝"勋章 "五能"宝贝勋章 "五能"宝贝积分兑换榜 《幼儿成长家园联系手册》 《幼儿"五能"发展观察记录》
		口才宝贝 升旗仪式小主持、故事大王评选、小火车广播站、小主持选拔赛、天气播报员、才艺大比拼、语言表演游戏、集体活动、节日主题活动	
		文明宝贝 集体生日party、问候礼仪、用餐礼仪、上下楼梯、集体排队、日常交往、集体活动、节日主题活动	
		智慧宝贝 科学小实验、种植体验、观察记录、数学游戏、益智游戏、我的计划表	
		创意宝贝 才艺大比拼、歌表演、竖笛表演、非洲鼓节奏游戏、奥尔夫音乐游戏、节日演出、表演区、美术活动、创意园猫画展、节日主题活动	
教师	"五能"教师	**环创能手** 园内环创、主题墙饰、展板制作	环境创设评比、月考核、年度评优、园内奖励方案评选
		教学能手 保教常规、赛课活动、教研交流	教学督导、教学资料、优质课竞赛选拔、教研活动中心发言、家长问卷、月考核、年度评优、专家评价、园内奖励方案评选
		表达能手 教师论坛、演讲比赛、活动主持	活动选拔、月考核、年度评优、专家评价、园内奖励方案评选

续表

评价对象	评价指标		评价内容	评价方式
教师	"五能"教师	创作能手	活动策划、论文撰写、制定方案	论文比赛、月考核、年度评优、专家评价、园内奖励方案评选
		研究能手	课程研究、案例反思、课题研究	集体备课、"幼儿观察记录表""教育案例"、课题组会议发言及成果汇编、月考核、年度评优、专家评价、园内奖励方案评选
园所	"五有"园所	幼儿有发展	活动参与度、师幼互动效果、幼儿作品、活动照片、幼儿表演	·家长调查问卷 ·上级部门办园水平综合目标考核评价 ·进修学院督导考核评价 ·社会第三方调查机构评价 ·电视台新闻报道 ·网络媒体宣传报道 ·教育专家评价 ·同行评价
		教师有成长	论文比赛、课题申报、讲座交流、优质课竞赛、师徒结对	
		活动有特色	节日主题活动、主题沙龙活动、大型教研活动、家长助教活动、亲子活动	
		家长有好评	家长会、家委会、家长沙龙、园长信箱、微信群、QQ群	
		辐射有效果	参观接待活动、区内交流活动	

五、主题活动方案

（一）重庆市九龙坡铁路幼儿园"小火车闹牛年"开学周活动方案

1.活动目标

①开展开学典礼让幼儿感受开学的气氛，回归幼儿园，激发对幼儿园的喜爱。

②开展元宵节活动，让幼儿了解元宵节由来，喜欢过元宵节。

③家长和幼儿一起制作灯笼，增强幼儿动手能力，增进幼儿与家人之间的情感。

2.活动时间安排

开学典礼：2021年3月1日上午10点

元宵节活动时间：2021年3月1日下午，3月2日上午

3.活动主题名称

"小火车闹元宵"开学周

4.活动形式

开学典礼+幼儿园新年环创+元宵灯会+元宵节活动

5.活动内容

	开展范围	活动名称	活动内容
元宵节活动（3月1日下午及3月2日上午）	全园	点启"痣"	用画笔为幼儿在额头上点上红痣
		元宵灯会	教师邀请家长和幼儿在家一同制作花灯，参加全园元宵灯会，在家长群里分享制作各式各类花灯的方法图片和视频
	大班（大三大四）	新年对联	教师与幼儿一起写对联，锻炼书写
	大班（大一大二）	新年红包	由教师准备新年红包，在红包上贴上喜庆的字，开展识字活动，启蒙幼儿简单识字
	中班	搓汤圆	在生活体验室搓汤圆，并煮好品尝，再送给幼儿园教师，与教师一起品尝汤圆
	小班	一鼓作气	组织活动，用鼓槌敲击大鼓，感受一鼓作气
开学典礼（3月1日10点）	全园	1.教师节目	带牛角饰品表演，展示对联
		2.园长致辞	
		3.幼儿假期进步展示	1.跳绳（大二）2.拍篮球（大三）3.欢迎小朋友们回家，并说新年寄语的话（大四）
		4.欢迎弟弟妹妹	小三班和大班各派代表上台，用拥抱、握手、送礼物的方式欢迎弟弟妹妹，并由大班幼儿到教室为全部弟弟妹妹送上小礼物（双手递物）

内容	内容详述及时间	负责人
师幼准备（2月26日）	1.准备各年级具体活动方案	各年级组长
	2.教师节目排练	蔡小兰
	3.幼儿展示节目准备	王丽娜
	4.幼儿园灯会	汤秋
	5.对联一副	大班组组长
	6.校门口欢迎小朋友回幼儿园展板	小班组组长
	7.主持人	文越
	8.元宵会灯会展板	中班组组长
后勤组准备	1.汤圆面、装汤圆的碗、牛角饰品10个、口红10支、新年小红包70个	张勤容
	2.挂花灯的彩绳、灯笼	张勤容
	3.元宵灯会现场布置	汤秋
信息组中心	1.活动新闻、简报	匡原缘
	2.活动过程中拍照、摄影	匡原缘、吴悠
	3.音乐、话筒（2个）	胡晓宇

6.活动准备工作安排（略）

第四章
美好的教师队伍

教师是幼儿成长的关键性教育因素，幼儿教师的身心美好，关系着幼儿从这里走向美好世界的美好过程与美好生活的质量。九龙坡铁路幼儿园自李云竹园长上任以来，勤于思考，积极行动，带领团队提炼出"从这里走向美好世界"的办园理念。从这里走向美好世界，其中的"这里"也包括幼儿教师的身心美好所在，只有身心美好的教师，才能引导和促进幼儿走向美好的世界。美好教师队伍建设，是促进幼儿全面健康发展，以及三年影响一生的教育美好实现的关键性因素。

一、美好教师的解读

1.美好教师

"从这里走向美好世界"的办园理念衍生出幼儿园"美好教育"的教育理念，"美好教育"凝聚了教育生活、教育行为、教育结果的美好。在理念文化的浸润下，幼儿园关注教师的个性与共性发展，积极调动教师"动起来"的思维与行动，培养美好教师——"五能"教师，即人人都有小课题、人人都上示范课、人人都要有特长、人人都会做课程、人人都是管理者，让教师成为环创能手、教学能手、表达能手、创作能手、研究能手。在"五能"教师的成长目标下，形成了通过创造美好世界使幼儿展现美好心灵的美好教师团队。

2.美好教师的"五动"+"五美"

"从这里走向美好世界"的理念强调幼儿"向传统的美而行，向现代的美而行，向世界的美而行"。教师应具备小火车开动起来的精神，通过"小火车"动能课程促进儿童终身发展，从课程实施中"动起来"的态度、"动起来"的思维、"动起来"的行为彰显"健康小火车、天天动起来"的办园文化，以达到"激发动能，走向美好"的课程理念。因此应在幼儿园"五能"教师培养目标体系下，挖掘出美好教师的十个核心素养。

（1）美好教师的"五动"

——幼儿教师的创意乐动。《幼儿园教育指导纲要》明确要求，"幼儿园应为幼儿提供健康、丰富的生活和活动环境，满足他们多方面发展的需要，使他们在快乐的童年生活中获得有益于身心发展的经验"。可见，在幼儿园，环境是重要的教育资源，良好的环境创设与利用能使幼儿在与环境的互动中获得各方面能力的发展。因此教师应该营造"主动""灵动""乐动"的环境氛围，创设健康、美好、幸福生活的幼儿园环境文化的标识、口号和环境形象，让环境与幼儿建立强大的联系。

——幼儿教师的师幼趣动。幼儿进入幼儿园代表着幼儿进入了社会化的阶段，要开始学习如何与他人进行良好的互动。在幼儿园里有教师、同学，这考验着幼儿的人际关系处理能力。而其中幼儿教师的角色最为重要，担负着引导和教育幼儿的重要责任，幼儿正是在和教师的互动中认识自我、发展自我。

——幼儿教师的语言灵动。语言表达能力是一个人思想的外在表现，也是一个人素质的外在体现。爱因斯坦曾说："一个人的智力发展和他形成概念的方法在很大程度上是取决于语言的。"教师语言艺术水平对幼儿思维能力的开发与发展、审美能力的发展及教师教学任务完成情况都有不同程度的影响。

——幼儿教师的思维跃动。在"五能"教师的成长目标下，每个铁幼教师都应该成为"创作能手"。德国诗人海涅所说："写作是需要灵感的。但灵感不会拜访懒惰的人，灵感不过是'顽强地劳动而获得的奖赏'，与其坐等灵感，不如艰苦地练习写作。"灵感是靠勤学多思得来的，不是凭空产生的。文章是思考的产物，事实证明，多思出智慧。

——幼儿教师的团体互动。教师的团队互动，就是指教师这一群体在幼儿园这一特定环境中，为完成幼儿园教育目标而相互支持、相互合作、共同奋斗的过程。一个优秀的教师团队都有一个良好的合作环境，以及其本身独特的精神气质，才能最大限度地鼓励和发挥教师成员潜在的教学技巧和教学能力。

（2）美好教师的"五美"

——幼儿教师的理想之美。树立崇高的理想，认清幼儿教育的行业规范，以更高的要求衡量自己，在不断进步中完善自己。努力掌握幼儿园教育工作的技能，使自己在专业学习和教学中取得长足的进步。

——幼儿教师的道德之美。时时处处注重自身的行为表现，用自己的行动影响幼儿，做幼儿日常行为规范的表率，注重自身的行为形象。举止自然大方，端庄、神采奕奕。用公平的态度和行为把每一位幼儿当作具有独立潜力、需要和志向的活生生的人来看待。

——幼儿教师的专业之美。教师的语言要有语言学家的准确性，演说家的雄辩，艺术家的丰富情感，态度和蔼，循循善诱，运用多种教学手段和方法组织活动。

——幼儿教师的仁爱之美。对幼儿要有亲近感，理解幼儿，对幼儿的思想、行为、性格加以认知，并在此基础上进一步了解对方的内心世界，体察对方的心思，设身处地地为对方着想，从而产生关怀、同情、谅解、帮助、诱导等。

——幼儿教师的创新之美。教师组织活动要巧妙、有趣、高效，让幼儿有静有动，唤起共鸣，产生激情，获得良好发展。

二、美好教师的专业发展

1.存在的问题

目前九龙坡铁路幼儿园教师育幼素质整体不高，与幼儿教师的专业标准要求的专业素养存有一定的差距，主要表现为：教师年龄偏大；年轻临聘教师较多；职业倦怠心理存在，班级管理经验和执教经验欠缺；信息技术应用于课程教学严重不足。

2.发展任务

九龙坡铁路幼儿园教师队伍建设在未来五年内，培养具有爱岗敬业、乐于奉献、善于合作、勇于创新的幼儿教育教师队伍。具体实践上，一是制订教职员工队伍建设的指导性意见或方案；二是初步实施教师量化管理制度、教师项目管理制度、教师质量管理制度、教师学术管理制度、教师依法治教管理制度等；三是形成教师发展课程建设、小课题研究、校本研修的评价管理机制；四是加强师德教育，完善教师职业道德评价要求等。具体任务包括成立名师工作室、制订分层培训计划、培养市级骨干教师2～3名、成立教师培训基地、申报重庆市教育规划课题研究1～2项等。

3.主要举措

建设好教师文化，形成教师专业化发展的学习常态，探索教师线上、线下学习系统的建构。依据九龙坡铁路幼儿园《章程》规定，九龙坡铁路幼儿园的教职工由正式编制的教师、管理人员和工勤人员以及临聘人员等组成，幼儿园根据编制部门核定的编制数额、岗位数和岗位任职条件及教育行政部门、幼儿园相关规定聘用教职工，公开招聘，竞争上岗，对聘用人员实行岗位管理和绩效工资制度，园长按规定与教职工签订聘用合同。幼儿园依法建立全体教职工考核制度，对教职工定期进行考核，考核结果作为续聘或者解聘、奖励或者处分以及职称晋升的依据。教职工享有《中华人民共和国教师法》及有关法律法规、聘用合同规定的权利，按时获取工资报酬，享受国家规定的福利待遇以及寒暑假的带薪休假，有权通过园务会或其他形式参与幼儿园管理，对幼儿园工作提出意见和建议，对幼儿园重大事项有知情权，对不公正待遇或处分有申诉权。教职工履行《中华人民共和国教师法》及有关法律法规、聘用合同规定的义务，遵守宪法、法律和职业道德，为人师表，遵守幼儿园章程及规章制度，弘扬爱心与责任感，关心、爱护全体幼儿，尊重幼儿人格，促进幼儿身心健康发展，制止有害于幼儿的行为或者其他侵犯幼儿合法权利的行为，批评和抵制有害于幼儿健康成长的现象，做好家长工作，采用多种方式开展家长工作，密切家、园联系，实现家、园共育，切实做到：遵章守纪，爱岗敬业，热爱学生，团结协作，尊重家长。所有教职员工应当尊重幼儿的人格尊严，不得对幼儿实施体罚、变相体罚或者其他侮辱人格尊严的言行，对特殊幼儿不得歧视、厌弃。

三、美好教师的队伍建设

1.教师的理解

教师是一个职业称谓或是一个人的理想追求目标，这两种不同的理解对教师的成长有实质性的影响。对于教师个体而言，其心理与行为自然很难超越常规的教师标准与教师的专业化过程。如果说把教师作为个人理想追求的目标，那么教师的成长则是一种创新发展的思考与作为，成为这样的教师，对于每一个希望成为教师的人而言，其个人的理想与现实就会有很大的不同，它不仅有对教师职业的认同和成为名师的思考与实践，更有一种对教师的成就理想目标

的确定。

2.教师的成长

教师的成长是成为符合教师社会角色和对教师职业有高度认同，并最大限度地发挥立德树人功能的过程。教师的成长离不开环境的制约，教师成长需要有良好的教育生态环境，在教师成长的过程中，如何有利、有效地改变环境条件或发挥生态优质环境条件对于自我成长的影响是必须重视的。教师的成长是一个终身学习的过程，教师的成长有老中医的"医术积存"的现象，名师成长必须有丰富的教师成长经验，保持终身学习，特别是教育实践经验的丰富性学习是教师成长很重要的途径。教师的成长还包括教学实践，教师如何传承与创新教学内容、教学手段、教学评价、教学管理等问题，很大程度上决定着教师成长的水平与质量。教师的成长同时要加强自我的管理，有人提出，教师成长需要法制化管理、信息化管理、人文素养管理三大管理，当前教师参加各类行政培训、学术活动研讨、进行个人的反思等行为都是教师的成长管理。教师的成长要有理论素质的提升，理论是多方面实践经验的总结、汇集并简单明确化，理论学习与理论指导实践，对于教师的成长而言，是最有效的对策，也是必然的途径。

1）学会理论学习

学会理论学习是指教师要把理论学习放到重要的研究过程中，要学会理论思考，用理论去建立解决问题的基础。例如，大家都知道的幼儿最近发展区理论，也知道让幼儿跳起来摘苹果的教育实践，要让幼儿在幼儿园得到很好的发展，就必须有最近发展区理论的指导。

2）学会教育写作

学会教育写作是指在整个课题研究过程中，需要教师有大量的写作，包括论证书、开题报告、文献综述、中期报告、研究论文、结题报告等，国家对于教育写作，特别是论文与报告的写作都是有标准的，教育写作是教师成长的最重要的一个方面。

3）研究成果意识

所谓成果，就是对课题研究问题提出的解决思路、对策、方案等，也有实际解决问题所产生的效果。例如在"教师专业发展与教师文学修养提高的研究"课题上，其研究成果主要有四个方面，一是教师作家培训课程与方案，二是教师文学修养培养提高的体系，三是学校校园文学活动的丰富化，

四是教师文学修养提高的论文与研究报告。

3.教师的终身学习

终身学习是贯穿人的一生并成为可持续教育要求的学习过程，它是联合国教科文组织关于学会学习理念及终身教育要求下提出的一种先进的学习理论。终身学习强调在社会日新月异的变化过程中，每个人都需要养成主动的、不断探索的、自我更新的、学以致用的、知识优化的良好学习习惯，这样才能较好地适应社会发展和实现个体发展的需要。党的十六大报告强调，"要形成全民学习、终身学习的学习型社会，促进人的全面发展"，正式把终身学习理论放到了促进人的全面发展的重要地位与作用上。九龙坡铁路幼儿园强调教师的终身学习，坚持师生以学为本、学导结合、以学定教、先学后教、自主合作、自选自理等促进终身学习的教育教学思考与实践，以教师的信息化水平提高为主导，要求全园教师基于智慧管理与智慧活动组织为内容，加强校本研修（同伴互助、专家引领、个体反思）、三课活动（说课、上课、评课）、三课建设（课程、课堂、课题）、学术交流（成果简介、专业动态、专家讲座）等，注重在做得好的同时进入写得好

的水平上。教师的写是教师成长的途径，是思想与情感的固化，是成长水平的标志。

4.教师的写作能力

教师的写作是教师的基本功，也是教师成长的重要途径。写作的基本含义是书面语言的表达与交流，是对书面语言的逻辑性、结构性、主题性、实效性的一种组合。写作的实质是语言的重组，是思想概念与思想内容的主题性表达。写作离不开主题，也就是离不开语言的内在结构着力点，同时更在于运用语言解决问题。幼儿教师的写作，主题可以有三个方面：一是幼儿教师的自主学习、自我发展、自我实现等；二是幼儿园幼儿的成长教育，幼儿的成长教育不同于小学生、初中生、高中生，它本身是游戏学习、习惯培养的重要阶段，如果写作确定主题，就要把重点放到幼儿教育的阶段特征上；三是幼儿园的课程建设或课题研究，因为要写方案与研究论文，也可以结合其确定出主题。

四、美好教师的建设实践

1.机构建设

面向未来的幼儿教育在教师队伍建设上，首先是建立教师发展研究机构，教师成长中心，设立主任与副主任岗位，主要管理与评价教师发展、教师课程与教学、教师学术水平等。本着"建优质师资，促园所发展"的理念，在现有专任教师26人（其中本科学历12人，专科14人），高级教师4人，一级教师11人，二级教师4人，市级骨干教师3人，区级骨干教师2人的基础上，全面提升幼儿教师的专业素养及信息技术运用能力。

2.建设目标

以加强师德建设为核心，完善教师职业道德评价要求；以培养青年教师为突破口，培养成熟教师、骨干教师、名师；以提高保教质量为根本，形成课程建设、课题研究、校本研修的评价管理机制；以促进教师专业成长为着力点，鼓励教师汇编教学科研成果，出版幼儿园办园特色专著。打造一支"爱岗敬业、乐于奉献、善于合作、勇于创新"的幼儿健康教育教师队伍。

3.主要措施

（1）加强规划，有效落实

分析幼儿园师资情况，加强师资队伍建设，层层分解到党、政、工、团各部门计划中。如制订师德、师风培训计划，教师个人成长、发展规划，教师培训计划，教科研工作计划，教职工8小时评价管理白皮书等。以主题活动为抓手、联合开展为思路开展活动，将师资队伍建设工作加以有效落实，每学年对师资队伍建设情况进行及时的总结和调整。

（2）健全制度，明确职责

一是建立网格管理制。形成师资队伍建设中以园长为总体责任人，业务园长为第一责任人，中层干部、教研组长、项目负责人为具体责任人的分层负责制。使幼儿园各级管理干部明确各自在师资队伍建设中的职责和作用，协调一致地开展活动。二是建立捆绑考核制。开展骨干教师与新教师的结对带教活动。将新教师的成长与指导老师的考核成绩挂钩，形成新教师培养的捆绑考核制。三是完善分层培训制。完善幼儿园师资的分层，形成从青年教师、成熟教师、骨干教师、名师的层次合理、整体性强、水平较高、充满活力的教师发展梯队。四是实施结对互评制。开展与市级名园的结对共建活动，派遣教师向结对园学习，拓展教师的思维，推动教师成长，同时，邀请结对园老师来我园观摩活动，开展相互观摩评价。五是确立评优、奖优制。设立绿色教师、教坛新秀、园内名师、学科带头人等奖项，开展评优、奖优活动，不断弘扬先进榜样的精神。

（3）分层培训，整体成长

第一层面：骨干教师层面。指幼儿园的教研组长、幼儿园教坛新秀等成员。以"学、研、培"三方结合的形式，以教研组为主阵地，开展教学实践和研究，促进教师专业化成长；争取五年内培养市级骨干教师2~3名，园级骨干教师达50%以上，形成一支结构合理、具有教育智慧和创造激情，有思想、有能力、有特色的骨干教师群体，并充分发挥骨干教师群体智慧与合作能力，使骨干教师引领教师队伍的整体发展。第二层面：成熟教师层面。指幼儿园30岁以上、具有一定经验的中青年教师。通过开展成熟教师与青年教师的各类专题带教，成熟教师在指导青年教师的过程中发挥特长，不断成长。如环境创设、教育教学、课题研究、区角活动、班级管理等有针对性的专题带教，能够发挥成熟教师的特长，形成良好的学习指导氛围，使幼儿园成为一个学习型团队。第三层面：青年教师层面。指幼儿园30岁以下的青年教师。青年教师活动想得出、技能拿得出、班级带得出；让青年教师根据自己的特点制订个人发展的合适规划，做到心中有目标、发展有阶段、专业有成长。

（4）加强考核，多元评价

建立师德师风、课程建设、课题研究、家园共育等自评、互评、管理者评价和社会家长评价相结合的多元评价制度，促进保教质量的提升；开展教学活动、课题研究、论文比赛、技能竞赛等相关的评优、评奖活动，促进教师专业水平的提升；完善绩效考核方案，强调多劳多得、优劳优酬，积极支持和鼓励教师努力工作、主动发展、大胆实践，不断总结经验，积累成果，体验成长和成功的喜悦。

4.评价管理

强化幼儿园内部管理，加强教师队伍建设的科学评价，坚持"注重实绩、树立典型、优质优酬"的管理评价原则，鼓励外聘教师建立成长规划，走专业化发展之路，形成激励优秀教师脱颖而出的长效机制。

（1）骨干教师评选

大专文凭，工作满1年以上，师德良好，具有正确的教育观、儿童观，坚持保教并重，面向全体幼儿。任职期间无安全责任事故，无投诉。教学基本功扎实，掌握幼儿教育各领域的目标、内容和指导要点，能科学制订幼儿一日活动计划，胜任小、中、大班的教育教学工作，完成规定的工作量。教育教学效果良好，承担园级教研活动或其他大型活动1次（或教育教学效果良好，获家长高度赞誉），获得技能、教学、游戏、环境等评比园级二等奖1次或区级三等奖1次（个人荣获园级先进个人1次）。教育教学研究能力强，能积极参与教育教学研究活动，每次活动都有自己的思考和发言；教科研论文获园学术评审二等奖1次，获区级三等奖1次以上，参与园级小课题研究1个以上。

（2）学科带头人评选

评为本园骨干教师满1年后（或在本园工作满3年的在岗教师），师德良好，具有正确的教育观、儿童观，坚持保教并重，面向全体幼儿。任职期间无安全责任事故，无投诉。教学基本功扎实，熟悉幼儿教育各领域的目标、内容和指导要点，带领本班教师备课，有效地推进课程实施，班主任工作年限1年。教育教学效果良好，承担园级公开活动2次或区级1次；获得技能、教学、游戏、环境等评比园级二等奖2次（一等奖1次）或区级二等奖1次或市级三等奖1次（个人荣获区级先进个人1次）。教育教学研究能力强，能组织和指导教师开展教育教学研究活动，效果良好；教科研工作论文获区级三等奖2次（区级二等奖1次），市级三等奖1次；课题研究具备下列条件之一，参与园级小课题研究2个，参与区级课题参研1个。

（3）园管理干部评选

评为本园学科带头人满1年后（或在本园工作满5年的在岗教师），在管理岗位（副主任、主任、园长助理）工作，并圆满完成园内交办的各项任务。师德良好，具有正确的教育观、儿童观，坚持保教并重，面向全体幼儿。任职期间无安全责任事故，无投诉。教学基本功扎实，熟悉幼儿教育各领域的目标、内容和指导要点，带领教师挖掘课程资源，不断改进和创新教学模式和方法，总结并提炼教学成果；任班主任工作年限2年。教学效果良好，承担园级公开活动3次或区级2次或市级1次；获得技能、教学、游戏、环境等评比园级一等奖4次或区级一等奖2次或市级二等奖1次（个人荣获市级先进个人1次或区级先进个人2次）；教育教学研究能力强。能组织和指导教师开展教育教学研究活动，效果良好，任教研组长年限三年；教科研论文获区级三等奖3次（二等奖2次或一等奖1次）；市级三等奖1次；参与园级小课题研究3个；参与区级课题参研2个；参与市级课题参研1个。

第五章
美好的教改科研

    教改科研是推动学校发展的一项重要工作，随着教育改革的深化，更由于教师的专业发展需要，教改科研成为学校顺应改革、提高教师专业能力、解决教育教学诸多问题、提升教学质量、推进学校特色发展的主要动力。《中华人民共和国教育法》指出：国家支持、鼓励和组织教育科学研究，推广教育科学研究成果，促进教育质量提高。同时贯彻落实《中国教育改革和发展纲要》："鼓励和支持学校、教师和教育研究工作者积极进行教育改革实验。"

一、教改科研建设幼儿美好世界

    幼儿教育全面实施素质教育，研究提高幼儿教育质量，建构高质量的教育体系，需要将教改科研作为第一生产力的推动。多年来，九龙坡铁路幼儿园重视和加强开展幼儿园的教改科研活动，努力在幼儿健康管理智慧平台，以及幼儿园"五能"课程体系的建设过程中，充分发挥教改科研的促进作用。

科研兴园、科研育师、科研提高幼儿教育质量，成为九龙坡铁路幼儿园建构幼儿美好世界的主要途径之一。

1.教改科研

教改是指教育教学改革活动，科研则是指立足于教育科学原理与方法所开展的课题研究，以及组织的校本研修活动。教改科研是幼儿园科学办园，有效培训教师，研究家园共育活动规律，贯彻党的教育方针，提高育幼质量最有效的对策与途径。事实上，教改科研早已成为幼儿教育全面深化改革，营建幼儿美好世界的需要。教改科研围绕幼儿教育全面深化改革的热点和难点问题，为幼儿教育的全面改革提供理论指导，同时对深化课程与教学改革活动在理论上进行总结，为深化教师的专业发展打下良好的基础。

2.教研与科研活动

教研与科研是幼儿教育改革发展的动力，也不断地促进着幼儿教育科学有效的发展。教研主要研究教学内容、教学过程、教学方法以及教学工作的组织和管理等方面问题；科研则是有较严密的科学性、客观性和最大限度的可靠性和准确性的思维活动，它要求把握教育现象的内部、外部的因果关系和内在联系，揭示教育的本质，探求教育过程的客观规律。前者注重实践性问题的解决，后者注重教育活动的创新。教研时间相对较短，而科研时间相对较长，教研为科研提供丰富的素材，但又需要科研的指导和帮助，教研扩大了教育科研成果的价值，普及推广科研的成果是教研的任务，科研促进教研工作的提高，只有通过科研实践活动，才会对教育实践中的事物、现象理解得更深。教研和科研都是为掌握教育规律，提高教育的效益和质量服务。

3.教改与课题研究

教改在幼儿园主要是指教学改革，包括教学方法、教学手段、教学模式等方面的改革。中共中央、国务院《关于深化教育教学改革全面提高义务教育质量的意见》指出，加快推进教育现代化，建设教育强国，办好人民满意的教育，必须深化教育教学改革、全面提高义务教育质量。课题研究则是指针对某教育问题或教育现象所开展的问题解决性的研究活动，其中包括课题的选题、论证、申报立项、开题与过程性的研究、中期报告、结题报告、课题评审等多个方面的活动内容。事实上，教改很多时候需要采取课题研究的方式，而课题研究的成果，多数运用于教改理论与实践的证明或提高教学实践活动效果上。九龙坡铁路幼儿园在"动起来"文化理念下，制定了教师发展的"五个一"制度，即人人有小课题，人人上示范课，人人有特长（美术、乐器、足球等），人人会做课程，人人是管理者；建立了幼儿园三级教师课题研究的评定考核机制，促使老、中、青三类教师共同参与幼儿园的教改科研活动。

二、园本教研解决教学真问题

教育改革的一个显著成果是把园本教研提高到幼儿园教改科研的高度，加以重视并发挥其功能作用。园本教研是幼儿园教学研究的重要途径，是为了改进幼儿园的教育教学，提高幼儿园的教育教学质量，从幼儿园的实际出发，依托幼儿园自身的资源优势和特色进行的教育教学研究。理论上，园本教研是以园为本、以师为本、以生为本、以问题为导向的教学研究、教学改革、课程设计、教师培训、学生学习、对策思考等多方面的同伴相助、专家引领、自我反思性活动。教师是园本教研的主体，园本教研的关键在于既注重解决实际问题，又注重经验的总结、理论的提升、规律的探索和教师的专业发展。九龙坡铁路幼儿园干部教师的教研活动开展主要围绕幼儿园发生的真问题、核心问题，解决幼儿园发展中的实际问题。制度上，落实三级研训活动和梯级教研活动，即参加片区每月一次的教研活动，园内每周开展一次教研活动，教研组每周开展一至两次教研活动。教研活动要做到五定，即定时间、定地点、定主持、定主题、定评价；持续开展课

题研究，干部教师把握课题的理念，克服畏难情绪，积极申报小课题、区级规划课题、市级规划课题、国家级课题等。为保障教研内容的有效实施，幼儿园在教研方式上分三种方式开展，一是主题式教研，每月开展四次，每周固定在星期二的中午，全园教师参加，主要开展常规问题教研，联动专题教研（如邀请知名专家开展课程研讨等），课题实施研讨，集体备课等；二是集体研磨课、活动观摩，每周星期二上午和星期三上午，分学科组开展；三是年级组教研活动，时间机动，研讨年级组主题活动、年级组幼儿常规培养问题等。

1.共同体研究

教学改革始终是学校教改科研的重点，建立共同体研究成为九龙坡铁路幼儿园教学发展的一个必要条件。共同体是指建立在教师专业化发展的基础之上，以幼儿园为基地，以幼儿教育实践为载体，以共同学习、研讨为形式，在团队情境中通过相互沟通与交流，最终实现整体成长与提高的组织。九龙坡铁路幼儿园以市级科研课题"儿童健康管理云平台开发与运用的实践研究"为平台，构建以课题研究为核心的教改科研共同体，组建一个以课题中心大组辐射引领若干个子课题小组的研究团队；在人员的安排上，注意遵循行动研究能力强、幼儿教育专业素养扎实、老中青合理搭配的原则，慎重选择并吸纳经验丰富、专业过硬的骨干教师和一些精力充沛、富有潜力的年轻教师组成课题中心大组，由课题负责人（园长）为组长，有能在课题实验班扎实开展行动研究的教师为组员，按照自主自愿、强弱搭配的原则，自行组建2~3人的子课题小组，每个子课题小组推选出一名小组长；若干个这样的学习共同体一起承担总的课题研究的分项研究任务。

2.师本式教改科研

幼儿园开展师本式教改科研活动，主要是幼儿教师主动参与的教学实践、教学反思、教学创新三个方面的研究活动。

（1）教学实践

九龙坡铁路幼儿园教师的教学实践研究以幼儿教育的健康管理、"小火车"动能课程体系建构为重点，关注全体幼儿，挖掘幼儿趣动、灵动、悦动的潜能，贯彻落实"促进其健康成长"的幼儿教育目标，在生本课堂理念引领下，以品质课、学本课为研究的课例，对幼儿的主动学、合作学、创新学，采取智慧信息化评价管理的方式，提高幼儿参与性学习效果。

（2）教学反思

教学反思是教师对教育教学实践的再认识、再思考活动。教学反思分为教学前反思、教学中反思、教学后反思，都需要经历"具体经验→观察分析→抽象的重新概括→积极的验证"四个过程。教师教学反思的方法多样，包括行动研究法、比较法、总结法、对话法、录像法、档案袋法等。九龙坡铁路幼儿园对教师的备课反思制定了"三定""四备""五统一"的计划，即定时间、定内容、定中心发言人；备教材、备教法、备学生、备学法；同一个层次的教学班级要统一教学进度、统一教学目标、统一教学重点、统一作业练习、统一测验考试的反思内容；教师的课后反思按"教、学、研、评"的四字内容进行。

（3）教学创新

创新是一个民族进步的灵魂，是一个国家兴旺发达的不竭动力。教学创新是运用创新思维方式去重新认识教育的功能，去改进教学活动。教学创新可以是教育理念、教育技术、教学方法、学生学习等各个方面的创新，但主要是指教学实践活动的创新，是为实现一定的教学目标，在教学领域进行的创新活动；教学创新是当代科学技术，如人工智能、大数据、移动互联、虚拟现实等对教学活动的改造、改

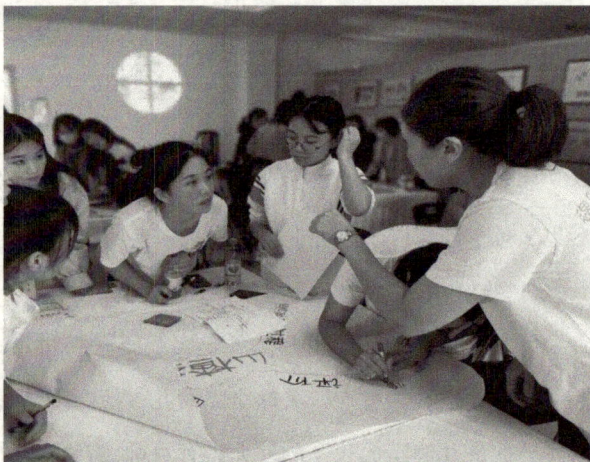

变与功能的增进过程，也是教学思维方式与教学思想的一种进步与改造。

近年来，九龙坡铁路幼儿园坚持以"设施现代化、管理科学化、师资专业化、保教优质化、办园特色化"为目标，多次承担全区大型教研活动现场及区内培训班观摩与跟岗教研任务，承办首届"行知杯"优质课竞赛活动等；同时作为重庆二师教师实践基地，曾代表九龙坡区幼儿园分别迎接重庆市教委专项督导检查、重庆市学校安全稳定工作交叉督导组检查，并获好评，李云竹园长作为幼儿园代表在全区交流我园的管理经验，培养身心和谐发展的"五能"幼儿，圆满完成各项目标，获得了上级领导和同行的肯定。

三、课题研究促进体质健康发展

我园基于幼儿体质健康的长足发展，把"构建完整的健康课程，形成完备的评价体系"作为开展幼儿园体质健康管理的重点研究内容。2020年，获批立项市级重点课题《儿童健康管理云平台开发与运用的实践研究》，开启了我园科学实施体质健康管理和体质健康评价的探索之路。

1.选题依据

2016年8月19日，习近平总书记在全国卫生与健康大会上正式提出"大健康、大卫生"理念，习近平总书记指出："要重视少年儿童健康，全面加强幼儿园、中小学的卫生与健康工作，加强健康知识宣传力度，提高学生主动防病意识。"2016年10月，中共中央、国务院印发的《"健康中国2030"规划纲要》提出推进健康中国建设。党的十九大报告指出："要全面贯彻党的教育方针，落实立德树人根本任务，发展素质教育，推进教育公平，培养德智体美全面发展的社会主义建设者和接班人。"2001年，教育部印发的《幼儿园教育指导纲要》指出，幼儿园必须把保护幼儿的生命和促进幼儿的健康放在工作的首位。我区全面贯彻、落实党的教育方针，致力培养德智体美劳全面发展的社会主义建设者和接班人，努力办人民满意的教育。

（1）幼儿健康成长的需求

九龙坡铁路幼儿园在园内先后开展了"幼儿个性健康发展""幼儿基本动作健

康发展"以及"户外体育活动材料投放与组织""生态视域下幼儿园户外活动环境创设研究"的实践研究。其次，总结近5年来园内组织的10次亲子运动会、8次大型健康主题活动等好的经验，同时在目前幼儿教育健康管理手段滞后，不成体系，无法实现线上线下的实时互动、监测、反馈情况下，开展儿童健康管理云平台开发与运用的实践研究。

（2）现实研究意义的需要

该研究具有以下几个方面的现实研究意义，一是有利于促进儿童身体、心理、社会适应、习惯养成各方面的良好发展。通过本课题研究，教师和家长可通过"小火车"儿童健康管理云平台的使用，获取儿童身体健康、心理健康、社会适应、习惯养成各方面的监测评估结果，通过实施有效的干预，促进儿童各项指标健康、良好发展。二是有利于提高幼儿园健康管理的科学性、针对性、有效性，通过本课题研究，改变原有的健康管理模式和手段，实现数据化、信息化管理。三是有利于提高教师运用现代信息技术的能力，促进教师面向现代化、面向未来的专业化发展需要，自觉成为学习型、研究型教师。

（3）查新了研究现状

世界经合组织明确了学前教育质量内涵的五个重要质量领域，分别是质量的目标和最低标准、课程和学习标准、员工资质和表现、家庭和社区的参与、数据与研究及监测。国内研究表明我国幼儿在智能体征、认真自控、外倾性、亲社会性四个人格维度上的发展水平都不高，存在创新能力不强、诚实程度尚需提高、社会性发展较弱、低控型人格比例较高等亟待解决的问题。华中师范大学国家数字化学习工程技术研究中心的专家认为，信息技术拓展了早期教育的时空、儿童学习的能力与效率，优化了幼儿教育环境，丰富了幼儿教育的内容、资源、方法、手段、形式等。

2.理论基础

理论基础包括，一是杜威教育思想。杜威强调，学校应当把单纯的以教师为中心的教育转移到儿童的活动上来，依照儿童发展的程序，通过儿童运用他所学的知识逐渐发展他的能力，直到他能教育自己为止。二是皮亚杰儿童心理发展理论。儿童心理发展具有阶段性，是一个积极主动的建构过程。儿童心理发生是在动作中产生的，教育要按照儿童的认知结构（智慧结构）来组织教材，调整教法。三是国家学生体质健康标准。为建立健全国家学生体质健康监测评价机制，教育部印发了《国家学生体质健康标准（2014年修订）》。本标准从身体形态、身体机能和身体素质等方面综合评定学生的体质健康水平。

3.核心概念

儿童健康是指3—6岁儿童在身体、心理以及社会适应方面的良好状态，具体指身体健康、心理健康、社会适应、习惯养成各方面表现良好。儿童健康管理是运用信息技术针对3—6岁儿童健康进行管理，包括体质监测评估、营养处方、运动处方、心理评估及健康心理处方、健康档案管理等。健康管理云平台是运用包括"小火车"健康管理App、微信、QQ、钉钉等网络信息技术在内的一套操作系统，包含幼儿身体健康、幼儿心理健康、幼儿社会适应、幼儿习惯养成四个模块。幼儿园及家长将幼儿各项健康生长指标、发展参数上传至平台并进行数据监测评估，能实时了解幼儿现有的健康发展水平，发现存在的问题，及时干预，提供更加个性化、有针对性的健康教育方案；同时向教师、家长、社会宣传最新的健康教育理论，随时调整家、园、社会三方正在进行的幼儿健康教育，真正实现家、园、社会网络共育。

4.研究目标

在以"健康小火车、天天动起来"为核心的主题幼儿园文化背景下，通过本课题的研究，促进幼儿身体、心理、社会适应、习惯养成等方面的良好发展，开发和运用"小火车"幼儿健康管理云平台，提升教师的综合

素质及现代信息技术能力。

5.研究内容

研究内容主要包括：一是开展儿童健康管理现状调研。通过制订调查问卷，对现有儿童健康管理的组织机构、制度建设、管理手段开展调研，了解儿童健康管理的现状，建构儿童健康管理制度。二是结合《幼儿园教育指导纲要》《3—6岁儿童学习与发展指南》，对幼儿现有健康管理指标进行细化研究，制订调查表，通过前期调查、实时观察记录，动态评估幼儿健康发展水平，完成统计分析报告。三是进行"小火车"儿童健康管理云平台开发的研究，建构幼儿身体健康、幼儿心理健康、幼儿社会适应、幼儿习惯养成四个模块，通过平台大数据得出分析结果，实施有效策略，促进幼儿各项健康指标良好发展。四是探索"小火车"儿童健康管理云平台运用策略的研究，开展动态评估策略、个性化指导策略、家园共育策略的研究。五是研制3—6岁儿童健康发展水平评价框架，制订儿童基本动作发展水平测量表、儿童心理发展水平评价表、儿童社会适应能力评价表、儿童习惯养成发展水平评价表。

6.研究思路

首先，根据幼儿园健康教育现状的调研分析，厘清存在的问题，开展有针对性的相关理论学习，了解相关课题的研究状况；拟定针对我园实际情况的"儿童健康管理云平台开发与运用的实践研究"的课题研究方案，确定研究目标。其次，建构健康教育管理制度；动态评估幼儿健康发展水平，编制统计分析报告；开发"小火车"健康管理云平台，结合互联网、大数据开展幼儿健康指标监测评估、策略实施，不断完善和改进平台的运用。最后，在研究总结阶段，进行实施情况问卷调研分析，提炼成果，收集整理论文集、教育案例集，撰写研究报告和专著，向上级管理部门提出结题申请。

7.研究效果

运用"互联网+科学管理"，形成"健康管理"系统的智能化，加强幼儿园内网与外网建设，引进先进的信息化大数据管理平台。内网建设上，一是管理者通过视频、网站浏览各班级网站后台自动记录教师的各项常态工作，为年终择优、评先提供依据；二是班级之间通过校讯通、公共邮箱、网站等信息平台进行文件浏览、传输，实现有效的网络化办公；三利用电子信息技术，为幼儿建立起电子档案，以视频、图片、音频的方式，对幼儿的成长进行全方位的健康管理记录；四是资料保管进入云端化。外网建设上，一是完善网上报名与咨询；二是推动园级动态、园所介绍、公告通知、大型活动介绍等信息化建设；三是开设班级动态、幼儿动态、教师博客，"三微一抖"等。幼儿健康管理云平台工作流程如图5.1所示。

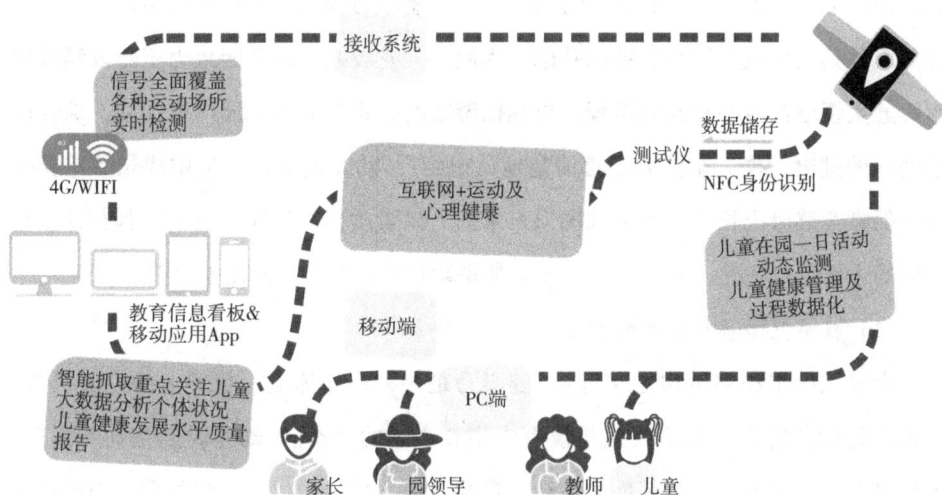

图5.1　幼儿健康管理云平台工作流程

四、艺体特色建设实现师幼美好成长

1.特色办园

《中国教育改革和发展纲要》指出，学校要办出各自的特色。学校的特色发展，是指一所学校有独特的办学理念，广泛稳定的文化模式，自主创新发展的优势，鲜明而有个性的学校教育模式等。学校特色发展的核心，是学校发展过程中主动追求独特性、差异性、多样性、多层次性。幼儿园的特色办园是最大限度地开发幼儿园的育幼潜能，综合幼儿教育资源，把幼儿的自主选择性学习、教师的专业成长性学习等最大限度地引向优先发展、优质发展、科学发展道路上；以《中国教育现代化2035》为引领，从课程内容现代化、课程教学手段网络化、幼儿趣动灵动活动的共同体组织、幼儿教育治理自主创新等多个方面进行探索，实现九龙坡铁路幼儿园的幸福育幼，整合教学资源，提高教师素质，提升办园品位。

2.健康教育特色

中共中央、国务院印发《"健康中国2030"规划纲要》，将"全生命周期健康"提升到国家战略高度。党的十九届五中全会将"建成文化强国、教育强国、人才强国、体育强国、健康中国"列为2035年基本实现社会主义现代化远景目标，对国民素质提出了新要求。教育部颁布的《3—6岁儿童学习与发展指南》也指出，幼儿身心健康是其他领域学习与发展的基础。为此，九龙坡铁路幼儿园致力于建设涵盖健康等五大领域在内的幼儿园课程，重视以游戏的方式开展幼儿园体育活动，综合促进幼儿的健康发展。全园教师都清楚地认识到："幼儿期是人一生中成长的重要时期，保障其健康成长不仅关系到国家未来的人口素质，而且还直接影响其在青少年时期的生长发育状况，因此，每一个人都是幼儿健康教育的责任人。"

（1）科学把握幼儿健康概念

世界卫生组织将健康定义为："健康乃是一种在身体上、精神上的完美状态，以及良好的适应力，而不仅仅是没有疾病和衰老的状态。"幼儿时期是幼儿语言、思维发展的关键期，也是其性格情绪、自我意识、社会交往、行为习惯、心理成长发展的关键时期，具有巨大的发展潜力，可塑性强。幼儿园重视和加强幼儿的健康成长，需要教师树立正确的思想观，一个健康的幼儿，既是一个身体健全的幼儿，也是一个愉快、主动、大胆、自信、乐于交往、不怕困难的幼儿。

（2）开展三个方面的健康教育

九龙坡铁路幼儿园把幼儿健康教育作为办园特色，高度重视开展幼儿的教育实践与研究。

一是身体健康的教育实践与研究。幼儿园在幼儿一日常规活动开展上，除组织好集中体育教学活动外，更

强调给幼儿一个终生锻炼的理念和锻炼的方法。九龙坡铁路幼儿园引进市体委相关研究机构，全面开展对在园幼儿的体质健康监测，获得全部幼儿的体质健康数据——九龙坡铁路幼儿园2021年春季体质健康测评统计报告，报告显示，九龙坡铁路幼儿园在园幼儿整体身高指标水平处于良好状况，女孩指标好于男孩指标，体重指标整体高于全国平均数据；通过身体姿态测试（脊柱、高低肩、含胸驼背、颈部前倾）发现，绝大部分幼儿身体姿态指标数据异常，通过与家长沟通，发现幼儿在家里长时间玩手机、看电视以及日常生活中的不正确站姿、坐姿现象严重，应引起高度重视；根据九龙坡铁路幼儿园在园幼儿总体指标反馈，幼儿园需要在减重、强化体能、体态调整和修复、足弓修复以及柔韧、平衡素质等方面研制出适合幼儿发展的教学体系，为幼儿的健康成长打下坚实基础。

二是心理健康的教育实践与研究。随着信息化、城市化、个性化社会的发展，父母对幼儿成长、成才的期望值不断上升，使幼儿承受着越来越重的心理负担。有关调研表明，幼儿自私、任性、胆怯、独立性差、心理脆弱、怕苦畏难、不懂得关心人、缺乏创造性、缺乏合作交往意识和能力、自控能力差、自卑、焦虑、紧张、多动、坐立不安、性情古怪等心理健康问题确有存在，幼儿的心理健康状况不尽人意，如不加以重视、解决，将可能影响一代人的素质。九龙坡铁路幼儿园办园强调"从这里走向美好世界"，其实是从幼儿今天的心灵世界走向幼儿明天的美好生活、心理健康的世界或未来成为健康人的世界。研究幼儿的心灵世界对九龙坡铁路幼儿园的发展是一个重要的起点性问题。幼儿园认为，幼儿的心灵世界，其实是幼儿的天真、灵活、童心的世界，是一个人心理世界从简单到复杂、从低级向高级、从片面向全面的认识自我、以社会活动为镜子的心理健康世界。

三是幼儿思想健康的教育研究与实践。思想问题是一切问题的首要问题，在幼儿园里，教师应把幼儿的思想健康当成头等大事来抓，切切实实地上好思想品德这门课，不能流于形式。九龙坡铁路幼儿园对幼儿的思想健康教育实践与研究，大的方面讲爱国家、爱民族，小的方面重视家园共育，在日常生活中讲幼儿之间的团结互相友爱，说文明语言，做文明事情，真正做一个有爱、有感恩、有责任心的好儿童。如针对幼儿喜欢玩玩具的特点，教师在引导幼儿思想健康教育上，可让幼儿在玩乐中学习交往、合作，不断提高幼儿之间的交往能力和分享合作的能力；再如在家园共育中，幼儿园与家庭建立起一种合作、对话、一致、互补的关系，在双向互动中，逐步唤醒家长的主体意识，转变家长的教育观念，提升教养水平，真正携手共同担负起幼儿思想健康教育的任务，让家园思想教育如同一车两轮，能同向运转，共同促进幼儿思想健康地发展。

（3）组织幼儿健康教育主题游戏活动

游戏是幼儿生活交往与课程学习的主要形式，幼儿园应对幼儿开展健康教育主题游戏活动，采用寓教于乐的教育手法，鼓励幼儿参加各类活动，如创编幼儿容易理解的、有教育意义的故事和儿歌"我爱环境美""柳树姑姑的长辫子"；听"小鸟欢快的歌唱"，学"蜗牛慢慢地走路"，捕蝴蝶，观看雨后的彩虹等有趣味、有快乐体验感的活动，帮助幼儿提高自信心，学会与人交往，自我意识得到良好发展，社会化和个性化得以协调发展。

3.美术教育特色

幼儿对美术有一种自然的需要，幼儿喜欢这里涂涂，那里画画，将美术作为表达情感的一种自然途径，因此美术是幼儿观察和探究世界情感的重要途径。幼儿园根据幼儿身心发展的特点和规律，有目的、有计划地通过美术欣赏或美术创作活动来感染幼儿，培养其艺术审美能力和美术创作能力，最终促进其人格和谐发展，美术教育成为幼儿教育特色建设的需要。

（1）明确美术教育特色

幼儿美术活动的特点是形象、直观、生动，实际操作性强，对幼儿有很强的吸引力和独特的教育作用。随着信息化的迅速发展，美术教学媒体也越来越多样化，视觉的参照物也更丰富多彩，如各种类型的美术作品、影视图像等。社会美术教育也是幼儿园美术教育内容的延伸和补充，除幼儿园、家庭以外的社会机构和场所提供的早期儿童美术教育形式，如由国家和社会团体举办的各种美术训练班、儿童美术技能大赛等，以及美术馆、博物馆、电视、电影、期刊、画报等都能作为美术教育的特殊媒体起到积极的作用。九龙坡铁路幼儿园美术办园特色主要表现为社区美术资源特色和幼儿园美术环境教育特色。

（2）把握美术教育内容

美术色彩的和谐、风格的统一、包装的精致、内容的丰富和灵活等，构成幼儿美术教育的内容，依据艺术是实施美术教育的主要途径，幼儿园应充分发挥艺术的情感教育功能，教师的作用应主要在于激发幼儿感受美、表现美的情趣，丰富他们的审美经验，使其体验自由表达和创造的快乐。九龙坡铁路幼儿园在园内增设艺术感的动漫画，为幼儿活动空间提供最大限度的美术元素；开设班级美术特色活动区，用启发式语言，引导幼儿学会仔细观察美术的作品；在各类游戏活动中增加有美术色彩"玩"的内容等，从而有效增加美术园本化的教育内容。

（3）组织幼儿美术学习

幼儿的美术学习是结合美术课程进行美术启蒙性的学习，依据美术艺术教育关键在于培育幼儿拥有一双善于发现的眼、一双无尽创作的手、一颗明亮豁达的心和伴随终身的思维能力的学习要求，幼儿美术教育的课程开设上总体是以"艺术体验+色彩训练+系统知识=自我表达"为范式，课程内容上主要有拼贴、线描、手工、装饰、泥塑、炭、版画、默写想象等形式。九龙坡铁路幼儿园组织幼儿美术学习，重点是用多元智能理论转变美术活动开设的观念，用信息技术营造美术智慧的学习环境课程。例如，现代美术博物馆式的四个不同场景的美术馆建设，图书室让图书绘本进入云端，生活体验室和陶艺吧全面安装电脑，校园环境不同功能区增设智能控制与美术展示的平台等，在幼儿园大门改造、不同功能活动区的布署以及相关幼儿活动中渗透美术育幼元素，对外宣传的识别标识上形成有美术特色的设计制作等。

（4）提高幼儿美术操作质量

幼儿美术教育活动中的操作包括心理操作和实际操作两个方面。在心理操作过程中，幼儿主要通过多种感官观察和感知审美对象，用脑去想象、理解和加工审美意象，从而获得审美情感的体验，并在自己和审美对象之间产生情感上的共鸣，然后用语言同他人交流自我的这种审美情感。幼儿美术实践操作，运用美术工具和材料将自己的想法和情感表现出来，其关键不是强调幼儿美术具体技巧，也不是强调最后完成的美术作品，而是强调幼儿在操作过程中，在多种感官协调下所获得的体验。因此幼儿美术教育的质量主要在于幼儿的艺术素质发展水平。

五、案例展示

（一）案例1：教师成长与课题研究——针对市级课题研究所思考的问题

幼儿园的发展需要有教师的成长，现代社会强调以人为本的管理理念，同时，更重视教师在学校教育质量、课程建设、学生成长中的积极作用。今天，根据幼儿园承担的重庆市教育科学规划课题研究的需要，结合长期我个人对课题研究与教师成长之间所作的研究《中小学教师教育科研指南》《学校教育科研的理念与实践》《中小学教育科研的评价与管理》等成果，与教师们一起讨论教师成长中的课题研究问题。

1.教师成长的理解和主要的方面

（1）教师的理解

教师是一个职业称谓或是一个人的理想追求目标，可以说，教师的理解对教师的成长有实质性的差异影响。如果说把教师作为职业的称谓，也就是一种适应性的教师思考与作为，成长为怎样的教师，对于教师个体而言，其心理与行为自然很难超越常规的教师标准与教师的专业化过程；如果说把教师作为个人理想追求的目标，教师的成长则是一种创新发展的思考与作为，成为这样的教师，对于每一个希望成为教师的人而言，其个人的理想与现实就会有很大的不同，它不仅有对于教师职业的认同，有对于教师成为名师的思考与实践，更有一种教师的成就理想目标的确定。

（2）教师的成长

教师的成长是教师成为一个真正的教师，成为符合教师社会角色和对教师职业有高度认同，并在最大限度地发挥立德树人功能的过程。教师的成长一是离不开环境的制约，教师成长需要有良好的教育生态环境，在教师成长的过程中，教师如何有利、有效地改变环境条件或发挥生态优质环境条件对自我成长的影响是必须重视的。二是终身学习的过程，教师的成长有老中医的"医术积存"的现象，名师成长必然需要有丰富的教师成长经验，教师的成长如何保持终身学习，特别是如何获得教育实践经验的丰富性学习是值得思考的问题。三是关于教学实践，教师如何传承与创新教学内容、教学手段、教学评价、教学管理等问题，很大程度上决定着教师成长的水平与质量。四是要加强自我的管理，有人提出教师成长需要三大管理：法制化管理、信息化管理、人文素养管理，当前，教师参加各类行政培训、学术活动研讨、进行个人的反思等，其实都是教师的成长管理。五是要有理论素质的提升，理论是多方面实践经验的总结汇集并简单明确化，理论学习与理论指导实践，对于教师的成长而言，是最有效的对策，也是必然的途径。

2.课题研究与研究型教师的成长

课题是一种有价值的问题，其表现为知识性、创新性、可行性、实践性。课题需要按解决问题的思维活动过程按照申报、立项、开题、专题研究、资料收集、申报结题等程序依次学习和研究。在课题研究问题上，有研究者认为课题对教师的成长有5个方面学会的作用，包括学会理论学习、学会教育写作、学会交流与资料的收集整理、学会运用成果、学会与人合作。在长期的课题研究指导与管理中，我个人认为，教师参与课题研究，首先是发现有价值的问题，在每个教师的教育教学实践、家园共育活动以及个人的学习与生活中，都会有诸多的问题存在。然而，什么是有研究价值、能成为课题的问题，这有三个方面需要确定，一是问题的真实性，有些问题表现很多，但不是本源性或者说不是真问题，如人生病的问题，有生理、心理、社会各个方面的因素，生病本身虽然是问题，但不是真问题，真问题在于生病的病源问题。二是问题解决的意义或者说其作用大小，课题应当是有重要作用或解决意义比较明显的问题，如幼儿发展过程中读与写的问题，二者都是有意义的问题，但就幼儿阶段的整体需要上讲，读比写更重要；三是问题解决的可能性或条件是否具备，有很多自古以来都是问题的问题，为什么没有作为课题，因为研究解决的条件不具备，如关于人的大脑思维品质培养的问题，儿童的聪明伶俐是每个家长都很重视的，但差异总是存在的，大脑的物质基础总是会对儿童的聪明才智有影响。

教师参与课题研究，其次就是一个资料的分析与整理的问题。学习和实践是课题研究的两条重要途径，其根本是对课题的研究收集、分析资料，从中得出如何解决课题研究的问题结论。学会理论学习是指教师要把理论的学习放到重要的研究过程中，要学会理论思考，用理论去建立解决问题的基础。例如，大家都知道幼儿的最近发展区理论，也知道让儿童跳起来摘苹果的教育实践，要让儿童在幼儿园得到很好的发展，就必须要有最近发展区理论的指导。学会教育写作，是指在整个课题研究过程中，都需要教师有大量的写作，包括论证书、开题报告、文献综述、中期报告、研究论文、结题报告等，国家对教育写作，特别是论文与报告的写作都是有标准的，作为教师课题研究的基本功，教师必须学会写作。学会资料的收集与整理，其实就是熟悉什么是文献，了解资料的归类与如何表述，结合问题解决形成条理性的内容，教师形成一种收集、整理资料的习惯是促进教育工作有效发展的要求。

教师参与课题研究，第三是要有成果意识。所谓成果，也就是既有对课题研究的问题提出的对策、方案等，也有实际解决问题所产生的效果。举个例子，我曾经主持了"教师专业发展与教师文学修养提高的研究"课题，该课题研究成果主要有4个方面，一是教师作家培训课程与方案，二是教师文学修养培养提高的体系，三是校园文学活动的丰富化，四是教师文学修养提高的论文与研究报告。现在九龙坡铁路幼儿园承担了今年立项的市级科研课题，无论该课题如何开题与组织研究，都必须首先确定预期成果的内容，要用成果去管理和指导课题研究，这样才能真正地做到课题研究取得成效。

关于课题研究促进教师成为研究型教师的问题，一个什么样的教师才是研究型教师，简单而言，能自主创新、有终身学习与研究能力的教师就是研究型教师，与传统的教学实践型教师或被动型教师相比，研究型教师有以下特点：善学习，研究型教师的学习是一种理论与实践相结合，善于把握理论原理与方法的学习；善思考，研究型教师在思考性设计上有突出的表现，思考是研究型教师的典型特征；善总结，有专家提出教师成长=经验+反思，善总结就是能有效地反思实践；善表达，研究型教师的论文、报告、教育反思、教育故事等写作能力都是比较高的。课题研究的学会作用，是推动教师成为研究型教师的重要动力，也是与教师成长最密切的学校管理对策。

3.园本管理如何发挥课题的作用

对于课题研究促进教师专业成长，除了课题研究本身对教师的研究性学习，以及教师的问题解决能力产生作用，更多的还与学校如何管理课题，如何指导教师参与课题研究活动有关。我曾经在公开期刊上发表《课题研究的质量与效率》论文，其中一个重要的结论就是要加强课题研究的管理。管理有3层含义：管理是一种行为规范，需要有制度管理与机制的约束，课题研究学校要建立必要的管理制度，如理论学习、交流研讨、研究责任等制度，同时，也要有积极性、创新性的激励机制；管理是一种协调资源的活动，资源意识与资源的开发利用，将是课题研究的生命线，如何认识与了解资源，如何有效地发挥资源的作用，管理是关键，同样的人力、物力、财力、信息，有可能会因为管理不善而产生大不一样的结果；管理是对人的识别、培养、任用过程，在人力资源管理中，人的能力培养才是管理的根本，课题研究要以教师的能力提高，以教师成为研究型教师作为管理的根本。

园本管理是现代学校管理的一种理念，更是一种园本课题研究的要求。如何进行园本管理，有三条途径，一是学校发展的规划与方案，它是学校管理的总体设计；二是章程制度，学校依法依规管理，必然要有依据，有制度保障；三是技术运用，当代互联网技术、手机通信技术等，无异于在管理现代化上提高了园本管理的效率，智慧校园、智慧管理其实对课题研究也是十分重要的，很多时候大家可以进行网课、网会、网络信息交流与沟通，同样也可以进行网络课题研究，如前段时间我参与了广西技工系统的课题网络开题论证等活动，结果表明效果很好。建议九龙坡铁路幼儿园也要加强网络课题的研究活动管理与指导。

4.九龙坡铁路幼儿园市级课题研究建议

九龙坡铁路幼儿园在疫情期间能够主动申报市级课题并获批准，表明学校整体的课题研究能力比较强，但因为从未承担过市级课题，而且就申报的课题本身如何取得有效的研究成果，特别是网络智慧化的成果，我认为确实需要注意以下的几个方面学习与研究。

（1）信息化时代的技术学习

因为课题本身是幼儿园智慧化的一个课题，对于教师队伍整体性的信息技术水平要求较高，当前，信息化进程成为园本现代化发展的重要推手，然而大多数教师的思想意识、知识基础与操作能力都跟不上信息化发展要求，例如，现在的"5G"技术的普及提高，就是一个大的挑战性，所以，课题研究的成败，关键还在于对于信息技术的学习。

（2）课题研究原理与方法的掌握

课题研究本身是有原理与方法的，就其原理上讲，有两个重要的方面，一是解决问题的思维过程原理，也就是发现问题、明确问题、提出假设、检验假设；二是解决问题的"手段—目的"分析或对应原理，采取研究的手段是为目的实现而选择的。就其方法上讲，也有两个方面，一是唯物辩证法，要有主要矛盾、主要问题、内因与外因等课题研究的方法指导；二是具体的课题研究运用的方法，如观察法、文献法、行动研究法、经验总结法、个案法等。市级课题研究，原理与方法比具体的组织研究活动可能更为重要。

（3）课题研究的专题活动组织

有人曾经说，课题研究就是将课题细化为许多小的问题或课题（习惯上称小课题），然后一个问题、一个问题地进行专题研究、专题解决。组织课题研究的专题活动，有不同的形式，如校本研修（同伴互助、专家引领、个体反思）、"三课"（说课、上课、评课）活动、"三课"（课程、课堂、课题）建设、学术交流（成果简介、专业动态、专家讲座）等，作为一个市级课题的研究，不仅要有整体的思考，更要有专题的研究活动开展。现在比较流行工作与课题结合，学习与研究结合，教学与反思结合等，我个人还提出一个思考与写作结合、成果与运用结合的要求。

（4）课题研究的写作提升

有时候做得好不如写得好，现在有大量的教育写作对于教师而言都是有一定要求的，然而不少的教师，特别是幼儿教师不会写、不能写，主要是因为专业活动过程中学习写、参与写的时间不多，更主要的还在于我们对课题研究的不重视，特别是对文献综述的写作感到十分困难，费时费力不说，更重要的是来源不多，信息渠道不畅。有教师认为，教师的写作目的不明确，写作效果没有多大的影响，更有教师认为写只是一种表面功夫，没有实在的教育教学效果，轻视写作。我个人认为，写是教师成长的一条途径，是一种思想与情感的固化，是一种成长水平的标志。有人说教师能否幸福生活，其中就是教师能否善写、会写、写出人生的精彩之笔。课题研究需要确定教师写作的提升目标。

最后，预祝九龙坡铁路幼儿园市级课题圆满开题并顺利进入研究，取得成果。

（二）案例2：重庆市教育科学"十三五"规划课题儿童健康管理云平台开发与运用的实践研究开题报告

1.选题依据

（1）基于落实国家立德树人的根本要求

《中国教育现代化2035》提出，"全面落实立德树人根本任务""增强综合素质，树立健康第一的教育理念，全面强化学校体育工作""加快信息化时代教育变革，建设智能化校园，统筹建设一体化智能化教学、管理与服务平台。利用现代技术加快推动人才培养模式改革，实现规模化教育与个性化培养的有机结合"。党的十九大报告指出："要全面贯彻党的教育方针，落实立德树人根本任务，发展素质教育，推进教育公平，培养德智体美全面发展的社会主义建设者和接班人。"2016年8月19日，习近平总书记在全国卫生与健康大会上指出："要重视少年儿童健康，全面加强幼儿园、中小学的卫生与健康工作，加强健康知识宣传力度，提高学生主动防病意识"。《幼儿园工作规程》（2016年版）明确规定："促进幼儿身体正常发育和机能的协调发展，增强体质，促进心理健康，培养良好的生活习惯、卫生习惯和参加体育活动的兴趣。"我区全面贯彻落实党的教育方针，致力于培养德、智、体、美、劳全面发展的社会主义建设者和接班人，努力办人民满意的教育。

（2）基于幼儿园现实及幼儿健康成长的需求

一直以来，九龙坡铁路幼儿园将幼儿健康放在教育首位，多年来积累了丰富的幼儿健康教育经验，先后开展了一些有关幼儿健康的教育研究，如"户外体育活动材料投放与组织""生态视域下幼儿园户外活动环境创设研究"的实践研究。同时，在园本健康特色课程构建过程中，家园共育健康课程也进行了较好的实践探索，近5年来，园内组织了10次亲子运动会、8次大型健康主题活动，还有班级组织的各种小型健康亲子活动等。

虽然我园在儿童健康教育方面积累了一定的经验，但是在调查中我们发现，当前，在学前教育阶段，在促进幼儿健康教育管理方面普遍存在以下问题。

①儿童健康水平下降。身体方面：常见的如肥胖、龋齿、弱视、近视儿童增多，特殊的如各种过敏史、先天心脏病、支气管哮喘、软骨病等不断涌现。心理方面：好动症、自闭症倾向的儿童屡见不鲜。再加上家长过度保护，使孩子的力量、耐力、协调性、灵敏度、抗压能力等各项健康指标下降。要培养合格的社会主义事业接班人，除了改进遗传和环境因素，幼儿园及家长必须在儿童成长的关键期给予饮食、教育足够的干预，防止儿童体质下降。

②健康管理手段滞后。目前，幼儿健康管理仅停留在幼儿园、社区卫生机构单一主体内的某方面的数据化管理，没有形成完整体系，缺乏个性化管理，无法实现线上、线下的实时互动、实时监测、实时反馈。幼儿园、家长无法第一时间了解幼儿身体的各项发展指标，无法通过数据分析、量化幼儿的发展水平，也就无法为下一步的健康教育策略提供科学依据。

③健康管理知识欠缺。虽然在生活和日常教育中，教师和家长积累了一些幼儿健康管理经验，但是，这些经验显然不全面甚至不准确。他们没有进行过专业的幼儿健康知识学习，对幼儿的各项健康指标不清楚或知之甚少，特别是对一些特殊病状的幼儿，他们都急需专家的理论知识和科学的健康教育管理方法指导。

2.研究的意义

①有利于促进幼儿身体、心理方面的良好发展，提升幼儿整体健康水平。通过

本课题研究，教师和家长可通过"小火车"幼儿健康管理云平台的使用，获取幼儿身体健康、心理健康方面的监测评估结果，通过实施有效的干预，促进幼儿各项健康指标良好发展。

②有利于加快幼儿园制度化、信息化进程，提升幼儿园办园品质。通过本课题研究，改变原有的、单一的健康管理模式和手段，实现制度化、信息化管理，提高幼儿园健康管理的科学性、针对性、有效性，依法办园，科学办园，提升办园品质。

3.研究现状

（1）关于幼儿园健康管理的研究

英国教育和技能部出台了《早期儿童基础教育指南》，建立了一个统一的、以游戏为基础的儿童早期学习和发展框架，非常肯定体育对儿童发展的价值。世界经合组织明确了学前教育质量内涵的五个重要质量领域，分别是质量的目标和最低标准、课程和学习标准、员工资质和表现、家庭和社区的参与、数据与研究及监测。

中华医学会健康管理学分会、中华健康管理学杂志编委会、健康管理概念与学科体系的中国专家初步达成共识：健康管理是对人体的健康状况及其影响因素进行监测、分析、评估，提供健康咨询和指导以及与健康危险因素进行干预的全过程。2007年，张大均、王金良、郭成在《关于心理健康学校社会工作保障系统研究的思考》中指出，综合运用健康心理学和社会工作的理论与方法于学生心理健康维护的教育活动，全要求从业人员充分运用心理科学和社会工作的原理、方法、技术帮助学校、家庭和社区之间展开协调合作，形成教育合力，共建"教"与"学"的良好环境，激发学生的自我效能感，解决学生生活、学习、发展中的问题，帮助他们更好地适应学校和社会，开发学生的潜能，培养学生健全的心理素质，为学生心理健康发展提供服务。2010年，金玉莲在《儿童专科医院在儿童健康管理中的地位和作用》中指出，儿童健康管理的基本概念就是将涉及儿童身心健康的相关活动进行科学有效的组织和管理，对涉及儿童个体或群体的健康危险因素进行全面监测、分析、评估以及全过程预测、预防、诊治和跟踪。其宗旨是调动集体和个人的积极性，利用有限的资源达到有效保障儿童健康的效果。

2017年，陈立秋在《关于幼儿发展与健康管理专业的思考》中认为，幼儿发展与健康管理是指通过学前教育、卫生医疗、社区服务等途径，促进幼儿身体、心理和社会适应性等方面的健康发展并对其健康进行管理。2019年，赖满瑢在《高职院校幼儿发展与健康管理专业课程设置探究》中认为，幼儿发展与健康管理专业既不是学前教育专业的简单复制、同质或雷同方式培养，也不是单一幼儿卫生医疗保健的健康管理，应包含幼儿发展的教育引导和幼儿健康的养育成长两方面。2019年12月，辽宁师范大学心理学院高毓婉、杨丽珠、孙岩在《我国3—6岁幼儿人格发展现状及教育建议》中指出，我国幼儿在智能体征、认真自控、外倾性、亲社会性4个人格维度上的发展水平都不高，存在创新能力不强、诚实程度尚需提高、社会性发展较弱、低控型人格比例较高等亟待解决的问题。

2020年，张童童在《高职医学院校幼儿发展与健康管理专业课程设置初探》中认为，幼儿发展与健康管理是指用幼儿身心发展特征、规律等专业知识对幼儿成长进行监测和指导，从而促进幼儿全面健康发展。

（2）关于幼儿园信息化管理的研究

幼儿园信息化管理包含两层含义，一是幼儿园对信息技术的开发和利用，把计算机、网络等现代技术运用到幼儿园管理上；二是幼儿园管理方式和内容的信息化，即注重对有关信息资源的管理。要求幼儿园加大硬件投入与软件开发，完善信息化数字监控。2005年，周寅在《基于PHP的幼儿园信息管理系统的设计与实现》中指出，开发幼儿园健康管理系统时，需建立基于ASP.NET的三层架构，同时采用MVC架构、Model View Controller模型以及视图控制器，利用B/S开发模式。B/S开发模式是随着技术的发展，对C/S结构的一种改进。只需要通过统一的浏览器程序就可以实现功能。2010年，钦娜在《幼儿园管理信息系统设计与实现》中指出，现有的配餐系统，大多操作复杂，用户使用友好度不好，数据单一，不能根据需求即时地调整营养标准，有的系统运行速度缓慢，不能满足当前针对幼儿配餐的个性化服务，难以满足对幼儿健康成长监督和促进的时代需求。2012年，赵军辉在《新型幼儿园在线服务系统的设计与实现》中指出，幼儿园管理信息系统包括七大功能模块：办公模块、幼儿成长档案管理模块、幼儿配餐管理模块、幼儿体检模块、幼儿园接送管理模块、幼儿园视频监控模块、进园身份识别模块。2013年，吕青普在

《数字幼儿园系统功能研究》中指出，在系统中提供的监控模块，拉近了家长和幼儿园的距离，使家长更加及时地了解幼儿的在园情况，增加了家长和幼儿园之间的信任。

2013年，司麒懿镜在《幼儿园个性化启蒙教育管理系统的研究与实现》中指出，为了解决当前幼儿园管理效率低下，幼儿营养以及健康管理不足的情况，需构造一个包括办公模块、幼儿成长档案模块、幼儿配餐模块、幼儿体检模块、幼儿接送模块、幼儿园视频监控模块、身份识别模块的集成化系统，达到对幼儿提供更加人性化、个性化的服务，同时，提升整个幼儿园的信息化水平。2015年，刘小兵、刘旭初、王璪在《幼儿园智能管理系统》中指出，幼儿园管理员拥有最大的权限，可以随时根据不同的需求分析、调整数据的储存和维护。通过在前端处理极少部分的事物逻辑，通过指令将后台处理好的逻辑传输到前端，形成三层结构，极大地简化了计算机客户端的负担，不仅减轻了用户端的负担，同时，也提升了用户使用的友好度。2016年，高原在《浅析幼儿教育的互联网时代》中指出，健康管理管理系统的设计目标是解决传统管理方式效率低下、数据处理烦琐等问题，提出利用信息化手段，建立管理系统，将各项管理工作规范化、数据化、客观化。同时，减轻管理人员的负担，更好地分析幼儿园的运行情况，提供与家长有效沟通的平台，做到真正的方便管理、方便服务，为实现信息化管理迈出重要的一步。2016年10月，吴兰岸、刘延申、刘怡在《促进还是阻碍：全球视域下信息技术早期教育应用的SWOT分析及对策》中指出，信息技术拓展了早期教育的时空，提升了儿童学习的能力与效率，优化了早期教育环境，丰富了早期教育的内容、资源、方法、手段、形式等。2017年，张灯在《基于三层架构ASP.NET的幼儿园学生健康管理系统的设计与实现》中指出，系统主要实现了辅助日常办公、档案管理、饮食管理、安全管理以及信息传递的功能。管理人员可以通过后台的数据分析，了解园内幼儿的考勤、健康、饮食以及其他情况，并根据数据分析结果制定相应的管理原则，实现真正的因材施教。同时，家长也可以通过系统查询幼儿在园的表现，即时地反馈信息，做到幼儿园教育和家庭教育的无缝衔接，为幼儿的健康成长保驾护航。同时，也使得幼儿园的管理安排更加人性化、科学化、自动化，提升幼儿园在学前教育竞争中的核心竞争力。

综上所述，国内外对幼儿园管理制度的认知及研究较早，但运用现代信息技术和大数据对儿童健康管理的研究起步较晚，也没有形成较为完善的儿童健康管理智能化平台。基于此，本课题拟研究开发儿童在园身体健康、心理健康的监测分析评价操作系统，同时，运用这个系统更好地指导并实施教育活动，为幼儿园、家庭儿童健康管理提供科学依据的智能化平台。

4.理论基础及依据

（1）理论基础

①儿童中心理论。杜威儿童中心理论认为，学校应当把单纯地以教师为中心的教育转移到儿童的活动上来，依照儿童发展的程序，儿童通过运用所学的知识逐渐发展他的能力。

②建构主义学习理论。皮亚杰建构主义理论指出，儿童是在与周围环境相互作用的过程中，逐步建构起关于外部世界的知识，从而使自身认知结构得到发展的。儿童与环境的相互作用涉及两个基本过程，即同化与顺应。儿童心理发展具有阶段性，是一个积极主动的建构过程。儿童心理发生是在动作中产生的，教育要按照儿童的认知结构（智慧结构）来组织教材，调整教法。维果茨基学习理论认为，教育应该在发展的前面引导着学生发展。教学在儿童发展中的决定作用表现在发展的方向、内容，水平和智力活动的特点以及发展的速度上。

③人本主义理论。罗杰斯人本主义理论认为，教育的目标是要培养健全的人格，必须创造出一个积极的成长环境。强调人的自我表现、情感与主体性接纳。注重对学生内在心理世界的了解，以顺应学生的兴趣、需要、经验以及个性差异，达到开发学生的潜能、激发其认知与情感的相互作用，重视创造能力、认知、动机、情感等心理方面对行为的制约作用。

（2）政策依据

①《教育信息化2.0行动计划》。2018年4月，教育部《教育信息化2.0行动计划》提出"三全两高一大"，即教学应用覆盖全体教师、学习应用覆盖全体适龄学生、数字校园建设覆盖全体学校，信息化应用水平和师生信息素养普遍提高，建成"互联网+教育"大平台。

②《幼儿园教育指导纲要（试行）》。《幼儿园教育指导纲要（试行）》指出，幼儿园必须把保护幼儿的生命和促进幼儿的健康放在工作的首位。树立正确的健康观，在重视幼儿身体健康的同时，高度重视幼儿的心理健康。

③《3—6岁儿童学习与发展指南》。《3—6岁儿童学习与发展指南》通过提出3—6岁各年龄段儿童学习与发展目标和相应的教育建议，帮助幼儿园教师和家长了解3—6岁幼儿学习与发展的基本规律和特点，建立对幼儿发展的合理期望，实施科学的保育和教育，让幼儿度过快乐而有意义的童年。

④《国家学生体质健康标准（2014年修订）》。为建立健全国家学生体质健康监测评价机制，教育部颁发了《国家学生体质健康标准（2014年修订）》。本标准从身体形态、身体机能、身体素质和运动能力等方面综和评定学生的体质健康水平。

5.核心概念

（1）儿童健康

1947年，世界卫生组织（WHO，简称世卫组织或世卫）在宪章中提出，健康是身体、心理和社会适应的健全状态，而不只是没有疾病或虚弱现象。1989年，世界卫生组织在宣言中又把健康定义做了一次深化，即健康是指躯体健康、心理健康、社会适应良好和道德健康。本课题所说的儿童健康是指3—6岁儿童在身体、心理方面的良好状态，具体指生长发育、身体姿态、身体形态、运动能力、情绪管理、自我意识等方面表现良好。

（2）儿童健康管理

本课题所说的儿童健康管理是运用信息技术针对3—6岁儿童健康进行管理，包括身体指标评估、动作发展评估、心理行为评估、健康档案管理。

（3）健康管理云平台

本课题所说的健康管理云平台，是以促进儿童身心健康发展为目的，借助微信小程序，建构数据处理端（云端）、PC端（管控平台）、移动端（交互平台），通过儿童佩戴的智能手环实时采集活动数据，运用大数据分析，评估儿童生长发育、身体姿态、身体形态、运动能力、情绪管理、自我意识等发展水平，形成儿童健康报告和个性化指导方案，通过端口反馈给幼儿园及家长，幼儿园、家庭根据方案采用相应策略对儿童实施更加有效的健康管理的智能化平台。

6.研究目标及内容

（1）研究目标

为了更好地贯彻党的教育方针，落实立德树人的根本要求，响应习近平总书记提出的"把人民健康放在优先发展的战略地位"的号召，践行"从这里走向美好世界"的办园理念，在以"健康小火车、大大动起来"为核心的主题幼儿园文化背景下，制订以下目标。

①开发"小火车"儿童健康管理云平台。

②厘清儿童健康内涵，制订儿童健康评价指标。

③探索出"小火车"儿童健康管理云平台的运用策略。

④通过课题的研究和实践，促进儿童身心健康成长。

（2）研究内容

①儿童健康管理云平台开发的现状调研。

开展对儿童、教师、家长的相关调研。运用观察法了解儿童现有健康发展水平，厘清儿童健康管理研究起点；通过座谈、问卷调查法开展对教师、家长的调研，了解他们对儿童身体健康、心理健康管理的知识基础、管理能力。

②儿童健康管理云平台开发的路径研究。

a.通过细化指标，建立云平台六大模块。结合《3—6岁儿童学习与发展指南》，梳理出儿童身体健康、心理健康细化指标，建立生长发育、身体姿态、身体形态、运动能力、情绪管理、自我意识六大模块。

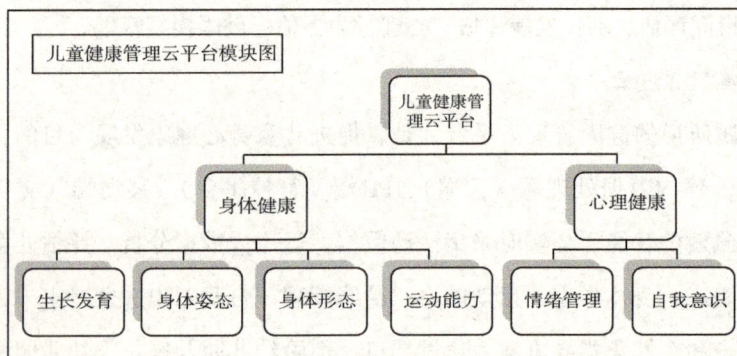

儿童健康管理云平台模块图

```
                    儿童健康管
                    理云平台
              ┌──────────┴──────────┐
          身体健康                 心理健康
      ┌────┬────┬────┬────┐      ┌────┴────┐
  生长发育 身体姿态 身体形态 运动能力  情绪管理  自我意识
```

b.通过软硬件建设，优化云平台管理功能。以调研基础为起点，构建一个智能化儿童健康管理云平台，通过基础数据的采集、比对和分析，促进儿童身心健康发展。在硬件建设上，在幼儿园儿童活动场所建立足够数量的网关和基站，为每一名儿童购置一个智能手环；在软件建设上，通过微信小程序，建构数据处理端（云端）、PC端（管控平台）、移动端（交互平台）3个端口，实现以下功能。

• 成长风险管控：通过生长发育与体质健康测评，确定儿童发育程度，评估儿童生长优劣，建立儿童生长发育数据库与成长数学模型，管控儿童成长风险，有针对性地制订运动及营养解决方案，确保儿童优势成长。

• 运动过程风险监控：准确监控运动过程中儿童心脏承受运动负荷程度，有效地防范运动风险。

• 采集、分析、评估运动、心理数据指标：实时、精准地采集运动、心理过程相关数据、指标，通过大数据计算分析、评估数据、指标的区间，便于教师根据个体差异采取相应措施，因人施量，达到科学锻炼的效果，促进儿童的心理健康发展。

• 指导性方案反馈：通过在线运动指导方案、营养补充指导方案、亲子游戏指导方案等呈现，让家长清楚地了解和掌握提高儿童运动能力、改善儿童身体状态、调适儿童心理健康的方法和途径。

• 阶段性训练效果评估：通过阶段性叠加动态数据分析，展现儿童阶段性身体健康、心理健康成效。

③儿童健康管理云平台运用的策略研究。

a.培训普及化：对教师开展全员培训，让教师掌握平台录入数据的方法，儿童手环的充电、佩戴方法，平台反馈数据的下载和使用方法；对家长开展线上培训，让家长了解平台的用途，学会使用各个模块的功能。

b.平台运用流程化：采集儿童信息及健康基础数据——开启网关数据接收系统和教育信息看板——儿童佩戴手环开始一日活动动态监测——信息不断输入——大数据分析个体健康状况形成——通过数据分析PC端发送到园长端（教师端），促进保教活动科学开展——通过数据分析移动端发送给家长，促进家长健康管理水平——促进儿童身心健康发展。

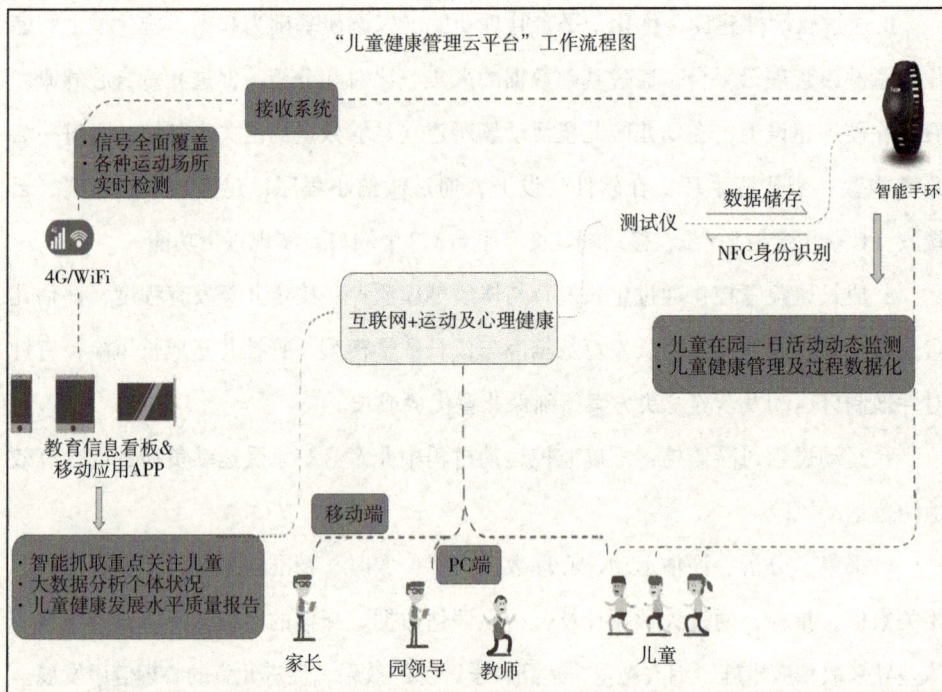

"儿童健康管理云平台"工作流程图

c.保教指导专业化：根据平台动态评估数据分析结果的反馈，幼儿园根据儿童的实际情况，通过调整教育活动计划，增设相关课程和活动，制定科学的儿童健康发展有效干预措施，改善儿童身体、心理健康状况。

d.家庭教育科学化：通过平台大数据分析报告指导方案，家长有针对性地对自己的孩子进行科学指导。身体健康方面，家长和孩子认真参与平台的亲子视频运动和游戏活动，按照平台提供的个性化营养改善计划调整儿童的食谱，促进儿童的营养均衡，提高儿童的运动能力和身体素质；心理健康方面，通过沙盘游戏、绘画等活动调整和改善儿童的心理障碍和行为，家园携手，促进家庭教育科学化，共同促进儿童的身心健康。

④儿童健康管理云平台评价的体系研究。

a.建立评价体系。课程组依据《3—6岁儿童学习与发展指南》，从生长发育、身体姿态、身体形态、运动能力、情绪管理、自我意识6个维度建立评价体系。生长发育、身体姿态、身体形态3个板块通过课题组完善测评指标，运用智能测量仪进行测量；运动能力、情绪管理、自我意识3个板块通过课题组分解小指标制定出

5个水平的评价指标，供班级教师观察研究（例：小班幼儿健康信息调查表）。

b.开展测评分析。运用阶段性大数据叠加动态数据，通过多元化评价主体实施静态和动态测评分析，对儿童的活动状况实施监测。

c.制定评价量表。制定"儿童基本动作发展水平观察量表""儿童心理发展水平观察量表"等，不断进行阶段性补充、完善，通过多种策略开展儿童健康的有效管理。

7.研究假设与创新

（1）研究假设

①"小火车"儿童健康管理云平台的开发和运用，有利于促进儿童身心发展。运用信息技术开发"小火车"儿童健康管理云平台，通过强大的信息处理系统，实现对儿童的健康监测，对儿童身体、心理健康两个方面作出科学、详细的分析评估及指导建议，最终形成儿童动态化、立体化、个性化的健康档案，让幼儿园、家长密切配合，动态监测和管理儿童的健康，以实施更为有效的健康管理，促进儿童身心发展。

②"小火车"儿童健康管理云平台的开发和运用，可以普及教师和家长的健康知识，提高幼儿园的健康管理能力，提升办园品质。在健康管理云平台开发和运用过程中，通过探索"小火车"儿童健康管理云平台的运用策略，形成相关的健康评价体系，让教师和家长学到专业的儿童健康知识，也促进了幼儿园健康管理的科学性、针对性、有效性，提升了办园品质。

（2）研究创新

本课题以"小火车"儿童健康管理云平台为载体，结合大数据管理，对儿童身体、心理健康进行数据监测、评估、反馈，及时干预，促进儿童健康成长。

8.研究思路与方法

（1）研究思路

①确定主题。针对儿童健康管理现状进行调查研究，确定研究主题——儿童健康管理云平台开发与运用的实践研究。

②研制方案。经咨询有关专家及平台软件开发专业人士，制定实施方案，使课题研究能够有序、扎实地进行。

③具体实施。

a.对儿童生长发育、身体姿态、身体形态、运动能力、情绪管理、自我意识指标进行细化研究。

b.开发"小火车"儿童健康管理云平台。

c.MV光盘刻录平台操作使用手册。

d.建立儿童个性化的健康档案。

e.探索出儿童身体、心理健康观察量表。

f.整理教育案例、论文，撰写教育管理专著。

④整理总结。按照课题研究目标和研究内容，逐步落实研究过程，并及时对研究过程中的得失进行总结、整理、分析，形成研究报告。

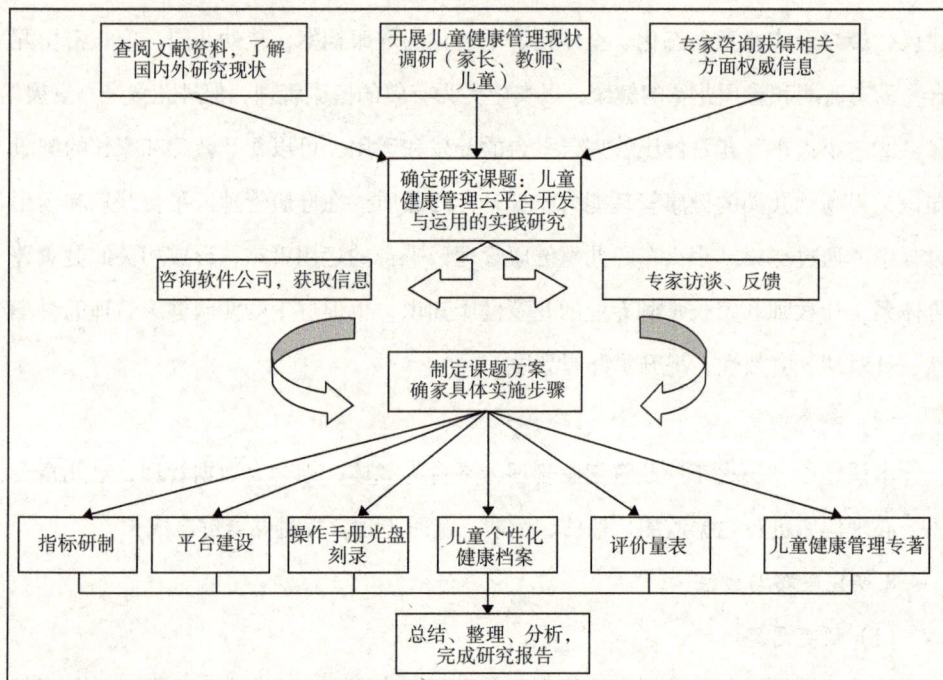

（2）研究方法

①文献法。组织教师充分查阅文献资料，通过对文献的收集、查阅、鉴别、整理、研究，厘清儿童健康管理的思路，明确研究的问题，找到理论支撑。

②调查法。研制"儿童健康信息调查表"，对儿童身体、心理健康进行前期测查，了解儿童现有的健康发展水平，厘清儿童健康管理研究起点。制订"儿童健康管理家长调查问卷""儿童健康管理教师调查问卷"，对家长、教师进行问卷调查，了解教师、家长对儿童身体、心理健康管理的知识基础、管理能力。

③行动研究法。运用科学的方法检验假设，解决实施过程中遇到的实际问题，用教育科学的理论、方法、技术审视、指导教育教学实践。

④经验总结法。将收集到的相关事实及资料进行整理，找出规律，使其转变为更加有效的经验进行应用、推广。

⑤案例分析法。对在儿童健康管理云平台的实践中发生的典型性事件展开研究和分析，揭示规律，探索健康管理云平台的运用策略。

9.研究组织与管理

（1）研究组织

①课题负责人。李云竹，幼儿园园长，重庆市教科院培训项目主讲讲师、重庆第二师范学院学前教育专业本科生毕业论文答辩专家。全国说课比赛一等奖，重庆市教师赛课一等奖，九龙杯赛课一等奖，九龙坡区幼儿教师基本功大赛第一名，九龙坡区园长论坛第一名。九龙坡区优秀班主任、优秀教师、成绩突出教育工作者。编著书籍《好习惯　好人生》，发表文章案例10余篇，撰写的论文曾多次荣获重庆市一等奖。重庆市规划课题《幼儿园好习惯实践研究》主研人员，主研的课题《开发与利用本土资源促进幼小衔接》已结题并被评为市级优秀课题，主研的课题《在"幼小衔接"中培养好习惯的实践研究》获重庆市九龙坡区优秀课题一等奖。

②主研人员（略）。

③参研人员（略）。

④研究分工（略）。

（2）研究管理

①研究时间。本课题研究计划时间为3年（2020.04—2023.04）。

②研究步骤。

准备阶段（2020.04—2021.02），开展重庆市规划办"十三五"2020年度立项课题申报；制订教师、家长调查问卷，了解教师、家长对儿童身体、心理健康管理的知识基础、管理能力；制订"幼儿健康信息调查表"，前期调查结束后作出分析调查报告，厘清各年龄段儿童健康管理研究起点；组建研究团队，确定研究人员；开题资料撰写、装订成册；邀请专家进行开题论证。

实施阶段（2021.03—2023.01）：

A.第一阶段（2021.03—2021.04）

a.进行课题研究活动任务分配，培训各子课题负责人，开展课题研究；

b.实施儿童健康管理策略，建立儿童健康档案；

c.课题负责人及领导成员组织、检查和督促，解决研究中出现的问题。

B.第二阶段（2021.05—2023.01）

a.开发儿童健康云平台，细化儿童健康指标，建立云平台六大模块；

b.通过软硬件建设，优化云平台管理功能；

c.培训教师端、家长端使用平台；

d.建立平台运用流程，MV光盘刻录平台操作使用手册；

e.建立儿童健康档案；

f.课题负责人及领导成员组织检查和督促，解决研究中出现的问题；

g.进行阶段小结和调整，写出阶段性报告和有关论文，召开阶段汇报会，进行经验交流；

总结阶段（2023.02—2023.04）：

a.研制出儿童健康发展评价指标体系，如"儿童基本动作发展水平观察量表""儿童心理发展水平观察量表"等；

b.撰写课题研究报告；

c.收集、整理教育案例集、论文集；

d.收集、整理、撰写儿童健康管理专著；

e.申报课题结题专家评审。

f.经费管理（略）。

10.预期成果

①开发出"小火车"儿童健康管理云平台。

②研制出"儿童基本动作发展水平观察量表""儿童心理发展水平观察量表"。

③撰写儿童健康管理专著。

④撰写儿童健康管理云平台开发与运用的实践研究相关论文及教育案例集。

⑤刻录MV光盘，建成幼儿个性化健康成长档案。

六、主题活动方案

重庆市九龙坡铁路幼儿园学前教育研训活动方案

活动主题	九龙坡区落实《指南》精神 提升集体教学活动有效性现场研训活动		
活动时间	2021年3月24日（周三）上午9：00—11：30	活动地点	九龙坡铁路幼儿园
学科及年段	学前教育	主持人	汪世君
参加人员	杨家坪、中梁山、西彭片区各幼儿园教研组长1名		
问题提出背景	时值"十四五"开局之年，幼儿教育工作要从关注国家教育改革动向，深刻理解课改精神，从全方位掌握落实国家的纲领性文件精神入手，引导教师要不断加强对幼儿生理、心理、认知发展规律的认识，掌握幼儿年龄特点和相关知识技能，教育活动中要注重对领域目标的认识，突出领域特点，把握本领域不同类型内容的教学方式，不断学习，认真备课，进一步强化教研工作的重要性，引导各幼儿园科学开展园本教研		
活动达成目标	通过此次研训，进一步强化教师对课程改革的认识，把握《3～6岁儿童学习与发展指南》（以下简称《指南》）精神，进一步厘清领域目标，探索领域融合与领域特点的有机结合，通过对深度学习课堂量表的解读和教育活动实践，提升教师对集中教育活动有效性的认识和把握		
主要解决问题	进一步强化对《指南》精神的理解和认识；通过对深度学习量表的运用提升集中教育活动的有效性		
活动开展形式	1.课例展示：第一节　第二节 2.互动研讨 3.幼儿园介绍教研经验 4.教研员总结		

续表

活动研讨话题	如何提升集中教育活动的有效性? 结合课例谈谈对深度学习的理解		
活动具体安排	时间	内容	负责人
	8:30—9:00	签到	
	9:00—10:10	2节课例展示	
	10:10—10:25	九龙坡铁路幼儿园致辞及教研活动经验分享	李云竹
	10:25—11:15	教师说课、分组研讨	汪世君
	11:15—11:30	教研员总结	汪世君
	11:30	离园	
活动会务准备	1.横幅: 九龙坡区幼儿园落实《指南》精神 提升集体教学活动有效性现场研训活动 2.签到表 3.参加活动的教师分组, 每组A4纸1张, 共10张 4.安排一人拍照, 一人写简报		
预期活动成果	1.形成教研方案和简报 2.通过本次研训活动, 进一步强化教师对课程改革的认识, 把握《指南》精神, 进一步厘清领域目标, 探索领域融合与领域特点的有机结合, 通过对深度学习课堂量表的解读和教育活动实践, 提升教师对集中教育活动有效性的认识和把握		

第六章
美好的园本管理

　　幼儿园的园本化管理是全面贯彻党的教育方针，促使全体幼儿教师不断加快专业成长，全面提高保教质量，并不断协调内部结构，不断增强凝聚力，使幼儿园管理机制更加完善和有效的过程。中共中央、国务院印发的《中国教育现代化2035》指出，到2035年，总体实现教育现代化，迈入教育强国行列，推动我国成为学习大国、人力资源强国和人才强国，为到21世纪中叶建成富强民主文明和谐美丽的社会主义现代化强国奠定坚实基础。当前，教育整体发展的2035规划，强调要"建设高质量教育体系"，其主要内涵是，坚持以人为中心发展教育事业，让教育事业为提高人民思想道德素质、科学文化素质和身心健康素质提供可靠保证，切实做到发展为了人民，发展依靠人民，发展成果由人民共享，不断满足人民日益增长的美好教育的需要。

一、追求高质量的保育教育

　　高质量的保育教育的首要前提是要有高素质的幼儿教育工作者，他会把自己的教育理念诠释成最新的、最适合身边幼儿的教育方式，带领他们成长为综合素质优秀的儿童，如此便形成了高质量的幼儿教育。

1.高质量保教是核心

安全优质是学前教育质量的核心，安全是幼儿发展的基本条件和根本前提，也是幼儿园的核心责任。优质是幼儿教育质量的根本追求，也是广大人民群众的基本要求，更是国家和民族的核心期待。优质是指不断规范和完善幼儿园的环境，为幼儿的发展提供适宜的、丰富的环境和材料，确保幼儿充分活动的需要，为幼儿的学习和发展提供充分的可能性。幼儿教育的优质，关键在于加强保育教育，全面落实《3—6岁儿童学习与发展指南》，遵循幼儿身心发展规律，推进幼儿园课程改革，促进幼儿全面和谐发展，防止片面化、特色化取向，纠正和防止小学化倾向。

2.质量管理是基础

幼儿教育需深化管理体制改革，全面落实立德树人的根本任务，其质量管理是全员、全方位、全过程、全体系、全环境的"五全"质量。所谓质量管理，是以质量的计划、控制、改进提高为目标的科学管理，是强调以品质为质量中心，以质量标准的衡量和评测为要求的管理。幼儿教育的质量管理，集中表现为两个重要的方面：一是幼儿的多元发展，全面提升幼儿核心素养的效果；二是幼儿园管理体制的健全、管理机制的合理、管理目标的清晰、管理团队的和谐高效。九龙坡铁路幼儿园坚持按照全面质量管理理论，强调精细化管理的实践，引入8S管理系统，围绕"文化强园、文化育人"，运用"互联网+"理念和思维，深化信息化，探索名园发展模式，充分借助互联网、手机App、网络评价系统、同步课堂、视频会议等现代化载体，充分发挥信息化在促进教育教学管理及幼儿发展质量中的独特作用，实现幼儿园教育高位均衡发展和示范引领作用。

3.精细化管理是关键

精细化管理是指精密细致的科学管理，即用精心的态度、精细的过程进行的管理。幼儿园的精细化管理，是对幼儿园管理计划、组织、控制、领导等工作流程进行精细"分块"，进而有序地、按部就班地实施科学管理，从而达到精益求精的管理境界。幼儿园的精细化管理，其科学性、系统性、激励性和全员性是十分重要的要求，其精细的管理细节和追求是幼儿园精细化管理的特点。实践表明，幼儿园精细化管理的基本原则有以下五个方面，一是导向性原则，管理的目标最大可能地细化，要有导向性，精细化管理就是目标的细化、目标的科学化和标准化；二是民主性原则，管理要通过让教职员工充分行使民主权利，调动他们参与幼儿园管理的积极性，增强管理工作透明度，确保教职员工的知情权，使群众参与管理制度化、经常化；三是创新原则，管理要在充分吸收和总结以往教育管理经验的基础上，与时俱进，不断改革提高，以创新求生存，以创新求突破，以创新求效益，以创新促发展；四是适度超前原则，管理要有适度超前意识，要通过调查和科学分析，把握教育发展的脉搏，厘清教育发展的动向和趋势，以幼儿园的需求为基础，抓住时机，创造条件，不断丰富精细化管理内涵，拓展其外延，适应不断发展的教育需求；五是效益最大化原则，效益最大化有可持续发展性，即统筹兼顾，合理安排，注重实效和长效，注意规模、质量、效益的协调发展，即做到灵活、科学、适时，使幼儿园发展效益获得科学意义上的最大化。

4.法制化管理是保障

法制化就是依法治园，依据《中华人民共和国宪法》《中华人民共和国教育法》《中华人民共和国教师法》《中华人民共和国义务教育法》《中华人民共和国未成年人保护法》等各类法律法规，健全办学自主管理的制度体系、完善幼儿园内部治理结构、规范幼儿园依法办学行为、健全园内权利救济和纠纷解决机制、营造幼儿园法治文化氛围、健全依法治园评价考核机制等法治化的管理，建构以幼儿园章程为总法的各类规章制度，加强幼儿园以制度建设规范人，依靠健全科学规章制度来规范教育教学行为，使幼儿园管理有章可循、有条不紊。

幼儿园依法治园管理是提高育幼质量，增强育幼活力的总体管理要求。在现代幼儿园管理的实践中，首先是落实幼儿教育的知法、守法、用法和维法的行为导向，如落实到幼儿园的章程建设上，《九龙坡铁路幼儿园章程》（2020年修改稿）提出，全面实施素质教育，特别是学前教育规范化、法制化、现代化的发展，必须推进幼儿园依法办园，加强幼儿园的科学管理，依据《中华人民共和国教育法》《中华人民共和国教师法》《中华人民共和国未成年人保护法》《教育部依法推进依法治校实施纲要》《幼儿园工作规程》《幼儿园教育指导纲要》《3—6岁儿童学习与发展指南》《国务院关于学前教育深化改革规范发展若干意见》等有关法律法规，修改制定本章程，明确提出育人目标是把孩子培养成"五能"儿童。

（1）园长责任制

幼儿园实行园长责任制。园长是幼儿园法人代表，对外代表幼儿园，对内全面负责幼儿园的教育教学和行政管理工作；园长在任期内按有关法规、政策规定和幼儿园发展规划、幼儿园科学管理需要，自主管理幼儿园，对人员聘任、经费使用、设施管理、考核、奖惩及组织教育教学活动等具有决策权和指挥权。园长有责任组织开展课程与教学活动和教育科学研究，创新人才培养机制，提高人才培养质量，把幼儿园办出特色和争创一流。园长需要按照国家法律和干部选拔任用工作有关规定，推荐副园长人选，任免内部中层管理机构的负责人。

（2）民主管理幼儿园

幼儿园重大问题由园务会议集体研究决策。幼儿园根据办学实际需要，建立由园长任主任，由行管人员和选举出的职工代表为成员组成的园务委员会。幼儿园建立以教师为主体的教职工（代表）大会制度，保障教职工参与学校民主管理和进行民主监督，教职工代表听取并审议学校工作报告、校务公作报告、工会工作报告、财务工作报告；审议学校的发展规划、改革方案以及涉及教职工切身利益的方案、制度，并提出相关意见及合理化建议。幼儿园基层党组织发挥政治核心作用。保证和监督幼儿园贯彻实施党和国家各项方针、政策，保证幼儿园坚持社会主义的办学方向，幼儿园依靠基层党组织，充分发挥工会、教职工（代表）大会等组织的作用。

（3）家长及学术委员会管理

幼儿园成立的家长委员会和学术委员会，由各班家长、教师、专家代表组成，在园长的管理、指导下开展工作。其主要职能是参与幼儿园民主管理和学术交流评比，听取、提出和反映家长的意见和建议，做出学术结论等，监管幼儿园的工作运行情况，发挥家长、专家与幼儿园间的桥梁和纽带作用。

5.信息化管理来助推

信息化是运用信息技术平台，特别是通过互联网+幼儿教育的网络化智慧管理资源开发，加强幼儿园的幼儿体质健康监测，重视幼儿心理健康的维护，以及家校共育过程中的幼儿审美能力的培育管理。

优质化是用精细化管理的原理与方法，积极开展教师的人心经营，注重幼儿教育的文化功能发挥的水平与效果，将所有的幼儿教育活动同幼儿健康快乐成长，同形成具备终身学习能力的效果结合起来。

幼儿园依据智慧幼儿教育需要，实行信息公开并重视信息化、网络化的管理。一是保证8S管理实施的系统性、规范性和有效性，把8S管理推行工作的要求进行分解归纳，加强实际的8S管理规范及标准建设。二是加强幼儿学籍管理的信息化，建立健全幼儿的学籍档案，依据《重庆市中小学生学籍管理办法》办理幼儿转园、退园等手续。三是进行幼儿园的网格管理，落实信息化的管理，将幼儿园分为九大功能活动区、九大户外游戏区、十二个班级教学区、食堂区域和办公区域五块，落实自上而下的分层管理，分区、分片包干，实行一岗三责，落实教育教学、卫生清洁和安全排查三项职责。四是基于培育出健康向上、习惯良好、学习自主、兴趣广泛的幼儿群体特质，引入阳光餐饮App对食堂进行智能化、标准化管理，将安全教育渗透到日常教学及主题教学中，穿插"三个"教育：主题教育、随机教育、重点教育，各班利用视频、儿歌、绘本、手指游戏、"小火车"校园广播等，在幼儿户外活动、上下楼梯、生活活动时随机开展安全教育。

为加快教育信息化进程，九龙坡铁路幼儿园在"幼儿个性健康发展""幼儿基本动作健康发展""户外体育活动材料投放与组织"以及"生态视域下幼儿园户外活动环境创设研究"的实践研究基础上，总结出家园共育健康管理的经验，充分重视卫生保健部门、体育研究部门、心理健康教育部门针对幼儿健康管理推出的"智慧树"软件，加强获取幼儿身体健康、心理健康、社会适应、习惯养成各方面的监测评估结果，通过实施有效的干预，促进幼儿各项健康指标良好发展，提高幼儿园健康管理的科学性、针对性、有效性，改变原有的健康管理模式和手段，实现数据化、信息化管理。

6.8S管理规范抓落实

8S管理是指落实八个项目的管理，八个项目是指整理（SEIRI）、整顿（SEITON）、清扫（SEISO）、清洁（SEIKETSU）、素养（SHITSUKE）、安全（SAFETY）、节约（SAVE）、学习（STUDY）。8S管理法的目的是使管理部门在现场管理的基础上，通过创建学习型组织不断提升管理者的文化素养，消除安全隐患、节约成本和时间。九龙坡铁路幼儿园八个项目的落实具体体现在整理——将本园办公场所的所有物品区分为有必要和没有必要的，留下有必要的，清除没有必要的，将混乱状态变为井然有序状态；整顿——在办公场所把必需品根据标准位置整齐摆放，并对不能明示的物品，如文件资料、报纸杂志，在储具外加以标识，对电脑、饮水机等每天进行整顿，或长效定位或用后复位或定时开关电源或使用前后检查等；清扫——将工作场所内清扫干净，保持场所干净、亮丽、整洁；清洁——维持上面3S成果，将整理、整顿、清扫长期坚持，并且标准化、制度化；素养——让每位员工养成按规则做事的良好习惯，持续提升员工的执行力；安全——实施全员安全教育，坚持安全第一的理念，预防、杜绝、消除一切不安全因素和现象，建立健全安全制度，做到防患于未然；节约——减少本园的人力、成本、空间、时间、库存、物料消耗等因素；学习——深入学习各项专业技术知识，从实践和书本中获取知识，同时不断地向同事及上级主管学习，扬长避短，从而达到完善自我、提升自身综合素质的目的。

二、幼儿园的优质化管理

1.优质化管理

优质化管理是立足于全面质量的管理，内容包含"发展教师，凝聚人心；成就学生，全面发展；因地制宜，有所为、有所不为"。九龙坡铁路幼儿园"从这里走向美好世界"的优质化管理分为两个层面，一是引领幼儿去感知人类所在地球上的一切；二是从未来孩子终身发展的视角，培养幼儿良好的习惯，让幼儿们为适应未来世界做好准备。

（1）优质化管理文化

由过去的"不动"变为"主动"到精细化、人性化，再到管理促进幼儿、教师、幼儿园三位一体的综合发展。

（2）优质化管理思考

确定管理核心理念：一切从幼儿出发，任何一项工作，都应把"孩子的兴趣是什么？孩子的游戏体验是什么？孩子的发展是什么？"作为出发点和评价的根本标准。建立"天天动起来"的管理格局，在实施能级管理的同时，实施项目管理，抓好常规能级管理工作；突出重点项目负责工作；优化组合，合理调配、整合资源。把"敢不敢打破情面，能不能独当一面，会不会开展工作，有没有解决问题"作为培养、评价干部工作的基本标准。评价工作既重过程，更重成效。以"动起来"的热情和严格的标准做管理，要求干部从"视角的广度，思考的深度，执行的速度"来自省自悟，坚持"四个始终"：始终有一个目标——个人与团队共存、共发展；始终有一个意识——终身学习，不断创新；始终有一颗恒心——责任到位，勇于担当；始终有一个胸怀——吃苦耐劳，谦虚宽容。

2.更新管理观念

幼儿保育的核心是形成好习惯，幼儿好习惯的培养，关键在于提高教师的素养。九龙坡铁路幼儿园在提高教师素养方面，首先，注重价值管理，培育积极的"动起来"文化，引领教师把自己的工作价值与生命价值结合起来，在工作和生活中享受健康的教育人生；鼓励教师读书自修，送教师去培训学习，请专家驻园指导，请名师来园上课交流，每周一小时集中学习或每学期各种教师集会，都要精心

组织讨论活动，让教师体会"享受工作，品味生活"的乐趣；建立"动起来"健身房、俱乐部、聊天室，以别具一格的形式和教职员工进行心灵的沟通与碰撞，精选一些教师对保教生活的感悟，分享育人工作的幸福，探索"如何在工作中实现生命的增值，如何与孩子一起快乐游戏，怎样尽可能避免身体亚健康"等问题。然后明确培养目标，形成"五能小火车"课程文化体系。课程是幼儿园实现育人目标的重要载体，"五能"目标指向健康体能、语言才能、社会适能、科学智能、艺术潜能，在课程实施中，要充分关注幼儿的习惯、认知、能力、品格的综合发展，大力倡导主题活动的生成性和游戏的益智性、趣味性，倡导游戏活动组织实施的科学性和实效性，促进幼儿养成良好习惯，发展思维能力，提高幼儿自我保护、人际交往、社会适应等能力；准备用较短的时间，增设"小火车读吧""小火车机器人俱乐部""小火车美工室""小火车陶艺室""小火车生活体验室""小火车木工坊"等园本课程，增设延时服务课程，开设"小火车语言社""小火车舞蹈团""小火车篮球俱乐部""快乐机器人"等20余项游戏活动课程，对幼儿的健康快乐成长起到很好的补充和促进作用。

其次推行生态科研，倡导务实的研究文化。九龙坡铁路幼儿园以拟申报重庆市规划课题为统领，以《九龙坡铁路幼儿园"五能小火车"课程体系建设的实践研究》为主线，建立健康小火车研究中心（保教中心）、动起来服务站中心（行政后勤），在年级组、班级、家长层面，全面开展健康、营养、游戏活动等方面的子课题研究，促进我园保教文化的丰富和提升。最后拓宽评价维度，营造开放的组织文化，倡导教师们健康快乐、包容友爱，教师们全程参与幼儿园的各种评估方案，积极献策，开放讨论，阳光操作，为即将实行的岗位设置、绩效工资评估考核作充分准备；在项目管理中，工作的每个细节都纳入绩效考核，根据教师们自愿选择承担的工作类别和数量予以相应的待遇，真正地体现了"多劳多得，优质优酬"的评价原则。

3.创设环境管理文化

幼儿园是教师和孩子共同生活和学习的地方，开发园内课程资源，促进我园保教环境的科学化、游戏化、现代化发展，让幼儿园环境成为隐形的活动课程资源，增强育人功能。实践上从四个方面着手：第一是搭建发展平台，保证功能性。幼儿园将引入四大场馆建设，包括打造流浪猫收养场所的小爱猫舍；以狂野运动为主要项目的狂野运动场；引进黄桷坪网红打卡项目"小军哥书屋"，以及乐乐美术馆，因地制宜地打造奥尔夫音乐厅、"小火车木工坊""小火车生活体验室"等。这些新平台，为幼儿们全面而有个性的发展提供充分保障。第二是渗透办园文化，体现思想性。在幼儿园的主流色彩中，选用灰色，灰色的环境能更好地凸显充满朝气的幼儿和幼儿的作品。大厅里有幼儿可以自由弹奏的钢琴，幼儿园里有幼儿再熟悉不过的吉祥物——小火车微雕塑，从幼儿园花木的置放到图案铺设，从幼儿园大门的构思到走廊、教室的设置，从楼梯扶手的雕镂到门牌、校牌的造型……每个角落的构建或装饰都巧妙展现了"小火车动起来"的成长姿态，幼儿园的每一处都有老师和孩子们的追求："从这里走向世界""健康小火车、天天动起来""培养良好习惯、培育美好未来"。第三是坚持以人为本，着眼发展。提高一切从幼儿出发的认识，注意收集孩子的优秀作品，收集孩子们充满生活情趣的照片，收集孩子生活中绽放出的稚嫩童语等，然后或张贴在画廊里，或用展示板，或雕刻在建筑物上把它们展示出来。

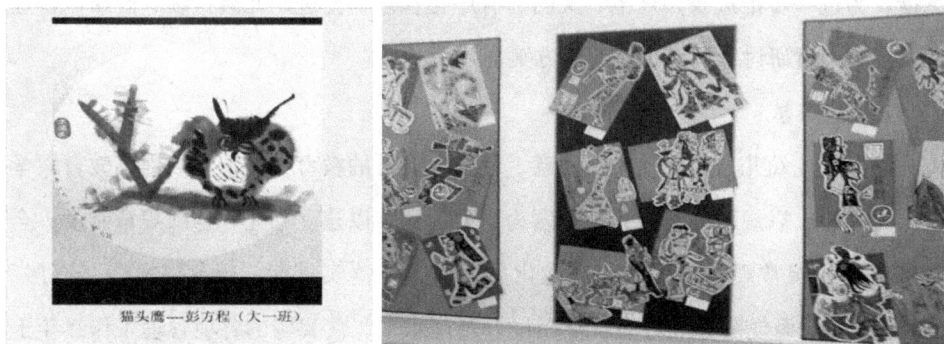

猫头鹰——彭方程（大一班）

4.培育幼儿园精神管理文化

"健康小火车、天天动起来"的文化的渗透，让管理者更努力关注每个幼儿的个性特点、生活背景，充分调动他们的主体意识，逐步培育幼儿的自主自强精神。实践主要从四个方面进行管理：一是人人参与，动起来，如开展小火车机器人年度擂台赛、小火车电视台、小火车艺术团等活动。二是爱与尊重，动起来，幼儿园会有体育节、艺术节、逛庙会等各种主题活动。三是充满情趣，动起来，如在新年到来之际，300多个幼儿将会收到园长妈妈亲自签写的贺卡，"宝贝，你如同一列可爱的小火车健康快乐奔向世界，幼儿园因为你的欢笑而充满快乐"。每年增设10多项贴近幼儿心灵的主题活动，每周评比小火车好习惯优秀班级，通过"小火车电台午安"栏目、"小火车电视台""小火车机器人比拼""小火车歌舞团"等平台，时时引导幼儿做一个习惯良好、富有情趣的现代人。四是阳光快乐，动起来，九龙坡铁路幼儿园的干部、教师、员工可以敞开心扉、坦荡交流，老师、孩子亲如朋友，家长、学校、社会共同办园，干部、老师豁达坦荡，幼儿率真、活泼。

三、案例展示

（一）案例1：九龙坡铁路幼儿园规范化管理实施方案

加强幼儿园的规范化、文明化、有序化管理，是规范办学行为，促进教育教学提高的有效手段；是调动广大教职工积极性，形成良好校风、教风和学风，提高教育质量的可靠保障；是努力办好让孩子喜欢、让家长满意、让社会认可教育的重要举措。为进一步推进我园规范、文明、有序化管理，促进幼儿园持续、健康、快速的发展，经过研讨，制订了此管理方案。

1.指导思想

以办好让幼儿喜欢、让家长满意、让社会认可的教育为宗旨，以提高教育教学质量为中心，以规范幼儿园管理制度为主要内容，以建立和完善各项规章制度、全面推进幼儿园常规管理工作的规范化为切入点，落实贯彻"规范、文明、有序"6字方针，全面规范办园行为，全面提升管理水平，使我园的各项管理工作逐年上台阶，促进幼儿园持续、快速、健康的发展。

2.工作目标

（1）幼儿园人文气息浓厚

干净整洁，绿树成荫、美化、童趣化的育人环境，校园文化鲜明，各功能分区科学合理，格调高雅，充满现代气息和意韵。

（2）师生精神风貌好

教师师德高尚，业务精良，敬业奉献，富有工作激情；幼儿健康活泼、习惯良好，师生关系和谐融洽。安全制度全面落实，充满朝气，校园平安、文明、和谐。

（3）幼儿园园风、园貌积极向上

幼儿园、家庭、社会三位一体，通力合作，无管理盲区。幼儿园安全工作岗责明确，各种安全防范措施扎实有效，校内外无安全隐患，无安全事故发生。

3.管理内容

（1）规范行政管理

①依据幼儿园实情和发展目标制定切实可行的学年、学期计划，从幼儿园的办学声誉、办学目标、管理举措等各方面提出严密、细致、具体可行的要求，做到职责明确，制度完善。

②幼儿园各管理人员深入一线，检查、督促、掌握第一手素材，为工作的良好开展提供依据，实现幼儿园的有序运转。

（2）规范干部队伍管理

①加强班子成员的政治理论学习，符合本园发展实际，积极探究教育改革与发展的本质问题。

②坚持规范、有序管理，不断完善幼儿园干部管理机制。积极创新和改革幼儿园管理模式，完善各项内部管理制度，做到幼儿园管理工作有章可循，有全面的规范化管理目标，有可操作的文明化管理细则，有高效有序的反馈评估机制。

③明确分工，齐抓共管。幼儿园管理团队进一步明确分工，各司其责，各尽其责，班子成员既分工又合作，形成人人有事做、事事有人管的工作局面。

④加强领导值班制度。每天至少安排两名班子成员和两名保安值班，特别做好

班级日常管理、安全管理、午睡值班、夜间门卫等工作，确保教育教学秩序井然，校园安全稳定。

⑤建立校园巡查制度。值班人员每天必须至少巡视校园两次，并填好值班记录，发现问题必须与主管部门沟通协调，就问题的解决和结果进行反馈和跟踪。

（3）规范教职工的管理

①加强园风建设。加强教职工的政治理论学习，符合本园发展实际，紧紧围绕办园目标，在"健康小火车、天天动起来"的校园主题文化的引领下，发掘教职工的主动性、积极性，让每一位教职工都有主人翁精神。

②加强岗位职责管理。通过学习培训，让每个岗位更加明确自己的职责，通过学月考核、学期考核等评价体系，与奖励绩效挂钩，推动教职工进行自我管理，主动管理。

（4）规范班级管理

①加强班级文化建设。紧紧围绕幼儿园已经确立的园本文化，选择适合自己班级的文化理念、文化风貌和教育特质，引领班级幼儿形成良好的行为习惯及学习习惯，并具有发展特长。

②引领家长积极支持班级工作，乐意为幼儿园和幼儿服务，形成安全稳定、团结和谐的班集体氛围。

③加强班级的安全管理。保教人员要做好每日的安全检查，检查班级的各项设施设备；做好每日清洁消毒工作，填写相关记录。密切观察每个幼儿的情况，细心护理，组织有效的教学活动，杜绝幼儿产生的一切不安全行为。完成每日幼儿的追踪调查，做好记录。一旦发现问题要及时上报园领导，遇到有意外伤害的幼儿要及时送医，同时还要第一时间与家长取得联系，尊重家长的意见，妥善处理事件。

（5）规范家长管理

①制定家长行为标准。通过家长学校、家长会、班级群、公众号积极向家长宣传，帮助家长树立正确的教育观念，引导正确的舆论，为孩子树立良好的言行榜样。

②让家长参与幼儿园管理。通过建立班级家委会、园级家委会，积极推动家长参与到幼儿园的各项活动中来，成为幼儿园管理的主体和监督者，为幼儿园的发展

出谋划策。

4.实施步骤

第一阶段：动员阶段（9月上旬）。组织全体教师认真学习《九龙坡铁路幼儿园规范管理工作方案》《九龙坡铁路幼儿园各岗位职责及基本规范》，提高全园师生对规范管理的认识。

第二阶段：实施阶段（9月上旬至11月下旬）。各部门全面落实《九龙坡铁路幼儿园规范管理工作实施方案》，进一步修订有关制度，全面进行教风、学风、园风建设。全园教职工都要树立强烈的质量意识，不断提高德育管理水平和课堂教学质量。要求各部门明确工作要求，细化工作目标，制定具体工作方案，层层把关，认真抓好、落实。幼儿园规范管理领导小组将定期对各部门工作进行检查。

第三阶段：督查整改阶段（12月）。幼儿园将组织领导小组对各部门规范管理情况进行全面检查。对规范管理工作中做得好的部门和个人进行表扬，对存在的问题进行分析，提出整改措施，限期整改。

第四阶段：总结深化阶段（次年1月）。继续落实规范管理，建立并完善长效规范工作机制，组织考评，进行"幼儿园规范管理工作"专项总结，推动幼儿园规范管理工作的深入开展。

5.工作措施

①成立幼儿园实施规范管理领导小组，成员名单如下：

组长：李云竹

教育教学组长：李利

成员：杨娅 王丽娜 文越 汤秋 匡原缘

后勤组长：张涛

成员：万岭 罗晓霞 康燕

②实施分线管理，以决策与评估、安全与质量、服务与保障为3条主线，管理责任具体化，管理任务明确化，各部门制定本部门工作规范管理实施细则。

③幼儿园制定各岗位职责，建立和完善各项工作制度和管理制度，使各项工作的管理有章可循、有据可依。

④各部门定期进行检查与考核，制定各部门月检查机制、学期考核方案、年终考核方案，把工作的业绩纳入绩效工资考核范畴，激励幼儿园管理人员积极工作，教师积极进取，形成工作合力。

⑤转变观念，重视管理过程中的尊重、关心、信任、激励等人文性细节管理。

此方案预期在幼儿园管理的各个方面，全面实施规范化、文明化、有序化管理，通过精细化、有序化实施，进一步规范办学行为，引导教师爱岗敬业，奉献进取，全面提升幼儿综合素质，使每一位教职工真正成为规范化管理的实施者，使教育教学管理、安全管理等各项管理工作都提升水平和高度，同时形成严谨、和谐、健康、人文的校园氛围，激发广大教职工、家长积极、主动支持幼儿园的工作，关心幼儿园发展，实现由"规范化"到"高效化"，最终达到"管理出效益、管理出质量"的目标。通过努力，幼儿园成为一所人文氛围浓郁、环境整洁优美、办学特色鲜明、具有良好社会声誉的重庆市示范园。

（二）案例2：浅析幼儿素质教育的园本化对策——重庆市九龙坡铁路幼儿园美好教育的思考与实践

国务院《面向21世纪教育振兴行动计划》中提出"素质教育要从幼儿阶段抓起"，表明幼儿园育幼应当立足于党的教育方针，全面实施素质教育。幼儿园依据《教育法》和《幼儿园教育指导纲要（试行）》等全面实施素质教育，使幼儿园面向全体幼儿，着力提高幼儿美好生活的基本能力，以及实现"五能"素质提高的教育。为此，从园本化幼儿素质教育的思考与实践上，有针对性地提出幼儿园素质教育的对策，是园长对幼儿园管理质量提高的需要，也是加强幼儿园素质教育深化改革的重要要求。

1.幼儿素质教育的理解与现状

（1）幼儿素质教育的理解

幼儿素质教育是一个比较大的概念，它包括幼儿的道德品质、意志品质、动手能力、亲情关爱等多个方面的教育，幼儿素质教育不同于小学与中学的素质教育，主要在于幼儿本身正处于形成与完善身体机能、通过游戏为主的活动发展心理素质的阶段，素质教育只能依据幼儿的天性、童真和可参与的能力水平进行必要的素质教育；也是只能坚持"提高幼儿素质为根本目的"的育幼理念，从幼儿的各类活动开展上落实立德树人根本任务的素质教育；更是只能把育人的质量确定在提高幼儿"三动"（主动、灵动、悦动）基本能力，以及实现"三生"（生命、生长、生活）素质培养质量的素质教育。

（2）幼儿素质教育的现状

幼儿素质教育的现状是两极差异对比明显，一极是幼儿素质教育在国家层面被高度重视，不仅在《幼儿园教育指导纲要（试行）》中提出了健康、语言、社会、科学、艺术等5个领域的课程学习内容，而且还十分强调幼儿素质教育要贯穿在游戏、体育活动、上课、观察、劳动、娱乐等全部生活与活动之中。国家在《中国教育现代化2035》中指出，到2035年幼儿素质教育发展目标是普及有质量的学前教育，建立更为完善的学前教育管理体制、办园体制和投入体制，大力发展公办园，加快发展普惠性民办幼儿园，加快幼儿园信息化的时代步伐，建设智能化幼儿园。另一极是幼儿素质教育实践层面上的落后状况与意识，首先是办园条件的改善存在投入极为不均的问题，部分幼儿园建设脱离普惠性幼儿素质教育的实际水平，加大了入园幼儿受教育的资源差距，成为少数人读得起的贵族后代式幼儿园；其次是幼儿教师队伍的专业素质存在较大的差异，幼儿素质教育的认知水平在不同的幼儿教师身上表现十分明显，少数幼儿园教师队伍基本没有专业能力与专业课程的教学活动开展；最后是幼儿素质教育的质量评价标准模糊，多数没有对其进行规范性的、标准化的质量评价要求体现，更没有结合信息化、网络化、大数据分析提高育幼质量的思考与规范化。

2.幼儿素质教育的灵动化思考

（1）幼儿素质教育的美好教育界定

主动性是人的天性，是人对客观事物的一种主观能动性的反映。幼儿的天性在于其具有"美好生活潜力"的本性。幼儿教育是启蒙性强、基础性要求高、素质表现极不明显的教育。幼儿素质教育，必须重视"从这里走向世界"的理念，把幼儿"美好行为习惯"培育作为素质教育的重点。"从这里走向世界"总体上有3层内涵，一是"这里"是幼儿的家园、幼儿成长的学园、幼儿快乐成长的幼儿园；二是"走向"的主要含义是幼儿素质教育的"五能"课程建设及"美好行为习惯"素质培养目标；三是"世界"的内容主要指儿童的童真世界、幼儿的生活实践世界及幼儿成长的明天世界（或未来世界）。幼儿素质教育的重点是指幼儿素质教育的童真化，需要遵循幼儿"美好生活"的本性，着力培养和完善幼儿"美好行为习惯"素质的思考的"五能"化，也是高度重视时代发展，特别是信息化、网络化、大数据化等教育现代化课程与教学的实践智慧化；同样，更是幼儿园依法治理，重视幼儿教师队伍素质提高，强调幼儿教师专业化能力提升的管理系统化。

（2）幼儿素质教育的美好教育意识

幼儿素质教育的美好教育意识，有两个重要的核心意识：一是人的主动性、创新性潜能的认知意识，没有幼儿的"美好行为习惯"素质的科学认知，就难以把握幼儿素质教育的重点，更无法确定幼儿素质教育的目标"五能"导向，如健康体能、语言才能、社会适能、科学智能、艺术潜能开发的目标导向。二是幼儿素质教育的"美好行为习惯"素质意识，素质有多方面的理解，也有不同的素质教育界定，但核心是人的"美好行为习惯"素质理解与界定，笔者从本园的幼儿素质教育总体目标："培养拥有美好生活能力的人"上，解读幼儿教育课程指导纲要，就是要为幼儿的终身学习能力的培养提供良好的"五能"育幼课程与教学，完善并建立起管理育人的"8S"管理体系，建构育幼质量的"美好行为习惯"素质教育质量标准及机制等。

3.园本幼儿素质教育的主动化对策

（1）建立幼儿素质教育的"五能"课程体系

中共中央、国务院《关于学前教育深化改革规范发展的若干意见》《幼儿园工作规程》《3—6岁儿童学习与发展指南》等文件都指出，幼儿园的素质教育需要实施科学保教，立德树人，促进幼儿身心全面和谐发展。教育部在《深化课程改革落实立德树人根本任务的指导意见》中指出，建立适应学生终身发展、终身学习的课程体系，统筹各学段学生学习的课程内容，是深化课程改革，促进学生全面发展，提高素质教育质量的需要。笔者所在的重庆市九龙坡铁路幼儿园是一所有着火车头精神和铁路人行为优良传统的幼儿园，同时，更是需要融入时代发展先进理念与先进课程内容，着力建设"五能"幼儿能力培养与"美好行为习惯"素质提高课程体系的幼儿园。经过思考，本园的育幼课程理念是"从这里走向世界"；育幼的课程与教学主题是"健康小主人、快乐动起来"；育幼的课程结构是"五能"基础课程群、"五能"拓展课程群、"五能"校本课程群3群互联结构；育幼的课程目标是"五能"小主体开发和"美好行为习惯"素质培养，促进幼儿德、智、体、美、劳全面而有个性的发展；育幼的课程实施原则是游戏性、生活化、操作性、体验性、个性化原则；育幼的课程实施主要途径是分类整合实施、主题实施、协同实施3条途径；育幼的课程质量评价管理是多主体、多元化、园内与园外评价相结合、增值性质量评价管理。

（2）开展幼儿素质教育的"五能"育幼活动

我国1981年颁布的《幼儿园教育纲要（试行草案）》规定："幼儿园的教育任务应是向幼儿进行体、智、德、美全面发展的教育，使其身心健康活泼地成长，为入小学打好基础，为造就一代新人打好基础。"教育部在2001年《幼儿园教育指导纲要（试行）》中指出，幼儿园的教育内容是全面的、启蒙性的，可以相对地划分为健康、语言、社会、科学、艺术等5个领域，也可作其他不同的划分。幼儿园的教育活动，是教师以多种形式有目的、有计划地引导幼儿生动、活泼、灵动活动的教育过程，是教师创造性地开展工作的过程。本园致力于培养幼儿的"美好行为习惯"人性素质，大力开展"生命教育""生长教育""生活教育"为主题的幼儿游戏活动、家园共建的亲园亲子活动、幼儿个性展示的"五能"活动等，不断地完善幼儿素质教育各类活动中的硬、软件条件，加快智慧化办园的步伐，为幼儿的信息处理意识形成，网络互动交流的语言能力提高等打下良好的基础。

（3）完善幼儿素质教育的"园本"科学管理机制

幼儿素质教育的质量在于科学管理，而科学管理在幼儿素质教育现代化的进程中，主要表现在园本管理上。有3个明显的改变与挑战，一是现代信息技术对于园本管理带来的深刻革命，技术改变幼儿素质教育的管理手段与管理对策，因此，本园将注重信息化技术的运用，如对幼儿园内幼儿参加游戏活动数据的采集，园内幼儿伙伴互动交流的状态调控等都将运用信息化的手段进行落实；二是管理的人性化设计与教育主题的突出，本园将注重园本人性化环境建设，提高校园文化精神建设的人性化水平，特别是幼儿的"五能"与"美好行为习惯"的文化建设；三是管理的质量标准的落实挑战，针对幼儿园科学管理需要解决的现实问题，本园的育幼质量管理具体细化为"五能"潜能开发与"美好行为习惯"素质培养标准的建立和完善。

综上所言，幼儿素质教育的园本化对策，在笔者所在的重庆市九龙坡铁路幼儿园，可以确定为一个教育思想：美好教育思想；二个教育目标对策："五能"与"美好行为习惯"；三方面具体的教育实践："五能"课程体系建设实践，"五能"与"美好行为习惯"育幼活动的开展，"园本"科学管理质量标准的建立和完善。

（三）案例3：每个人的世界——九龙坡铁路幼儿园"从这里走向美好世界"畅想

人或许有一些奇怪的地方，在一个地方待的时间长了，总想走出去改变一下环境，然而走出去后的不长时间，又会想回到原先待过的地方。这就是《围城》的心理作用。九龙坡铁路幼儿园办园理念是"从这里走向美好世界"，联想到每个人的世界都会发生一定的改变，但世界仍然是从这里开始的。每个人的世界，不管走得多远，都始终需要有自己的起点，也就是从"这里的世界"走向其他的世界。"从这里走向世界"如何走？关键是"这里的世界"是什么。

首先，每个人的世界可以区分为客观世界与主观世界。客观世界就是我们居住的环境，形成的人际关系，以及个人所处的社会时代，人对于客观世界的认识与理解，是每个人"这里的世界"的一部分，它是人能否走向明天的世界或能走多远的未来世界的基础。我们不能确定我所处的客观世界是否有利于我走向未来的世界，也就是我的"这里的世界"具备了什么样的优势与好的条件，但还是会想我们"这里的世界"，它主要在于我们有一个积极的心理准备世界，也就是说，"这里的世界"重要的还是我们个人的主观世界。说起个人的主观世界，它在很大程度上取决于我们每个人内心深处的期待，取决于每个人的知识与能力条件。主观世界想到的，往往都是客观世界无法预计的"这里的世界"。所以，从这里走向世界的"这里的世界"，最大可能应当是人的主观世界，是一种心理的准备状态世界。

　　其次，我们产生的奇怪想法，是我们对于"这里的世界"无法准确、界定与把握的结果。人的心理有很多的影响因素，包括环境因素、受教育因素、社会活动能力的影响因素。从这里走向世界，从个人的习惯世界走向不习惯的世界，其实都与人的心理世界的把握有密切的关系。有人说学心理学的人，多数都持有一种心理的不稳定、心理世界不安宁的心态，平稳的心态本应是一个人"这里的世界"走向明天世界或未来世界的最好心理准备，然而，正是因为我们学习心理学的缘故，总是认为"这里的世界"过于平稳，"这里的世界"存在时间过长，容易导致人"这里的世界"心理的疲软。记得在教师使用电教手段提高教学效果的文章中谈到了人的心理疲软现象是影响电教效果的重要原因，也就是一种习惯成自然，长期下来心理的世界处于一种疲惫，没有了生机的负面影响情况。于是，为了克服"这里的心理世界"的疲软，我们才会有一种改变居住地与环境的想法。个人心理世界的疲软，是我们"从这里走向世界"最需要回答的问题。

　　第三，克服心理世界疲软，重新恢复良好的心理状态，自然会有一种回到故地去的想法。重庆人有重庆人的生活习惯，更有一大群曾经工作、学习、生活在一起的朋友，心理世界的丰富性自不必说，它可以说是我"这里的世界"最丰富的内容。因为心理疲软，不管人们到何处，世界可能没有得到很大的充实，一是因为人地生疏，二是因为饮食习惯，三是没有了朋友之间的文化娱乐交流活动的开展。所以，人的"这里的心理世界"虽然是客观环境条件发生了改变，但"这里的心理世界"改变则比较小，要从这里走向世界，还得从长期居住形成的"这里的心理世界"开始。

　　第四，每个人的世界如何从这里走向明天或未来，走的途径与方式有很大的不同。从事教育研究的，自然会过多地关注从教育世界走向明天或未来的世界，在外地，还时不时地思考把重庆的教育优势移植到外地的可行性。其实，有很多的重庆人因为不知其中从事教育的有多少，更因为不认识他们，也就无法沟通教育的移植想法，也就感到"这里的心理世界"的空泛，要从外地的世界走向明天的世界或未来世界，或许没有太大把握，还是回到重庆去，从重庆的"这里世界"走向明天的世界或未来的世界更有可行性。对此，我们在想，九龙坡铁路幼儿园的"从这里走向世界"中的"这里的世界",在幼儿的成长过程中,应当是幼儿的什么样的一个心理世界才更有可行性。

幼儿有幼儿的心理世界,在很大程度上,我们比较倾向于幼儿的灵感世界或灵动的世界。从这里走向世界,其实是从幼儿今天的灵感世界走向幼儿明天的世界或未来的世界,研究幼儿的灵感世界对于九龙坡铁路幼儿园的发展是一个重要的起点性问题。幼儿的灵感世界,其实是幼儿的天真、灵活、童心的世界,是一个人心理世界简单到不需要重复的世界。我认为,人的成长过程中心理世界过多的重复性,其实是造成灵感世界疲软的重要原因,人的奇怪想法,自然是心理有了重复性,环境受心理的疲软影响性所造成的。从这里走向世界,一定要选择好幼儿"这里的心理世界",才有可能更好地让幼儿走向明天的世界或未来的世界。

每个人的世界都需要认清"这里的心理世界",才能走向明天或未来的世界。

第七章
美好的办园特色

　　办园特色是幼儿园根据自身的传统和优势，运用先进的办园理念，在长期办园实践中逐步形成，并通过幼儿园一日活动，在教育思想、培养目标、课程内容、师资建设、教育方法以及幼儿园文化环境设施等多方面综合体现出来的风格和特征。它是幼儿园在实施素质教育的过程中表现出来的独特的、优化的、稳定的，并带有整体性的个性风貌。

　　九龙坡铁路幼儿园是全国足球特色示范幼儿园，在重庆市首届体适能比赛中荣获特等奖。1996—2002年，幼儿园多次获重庆市幼儿基本体操一等奖和一次全国幼儿+基本体操一等奖，并获得在天安门前表演的殊荣。近五年，幼儿园教学成果不断凸显，在区域内多所幼儿园推广，形成了幼儿体质健康管理教育联盟体，在学前教育界产生了积极影响，幼儿园的体质健康管理教学成果和经验被中国网、新浪网、新华网、华龙网、重庆新闻频道、重庆商报、重庆城市客户端等多家媒体报道。

　　幼儿园传承健康特色办园的深厚积淀，延续艺术体操的优秀传承、吸纳安吉游戏的先进理念、探索体教融合的新方向、创新大数据管理的健康云平台等，坚持"健康第一"的发展理念。同时以九龙美术半岛为发展契机，明确"健康打底色、美术创特色"的特色建设思路，充分整合黄桷坪涂鸦街环境资源、四川美院和工艺美术学校的教育资源、川美一中教育集团的品牌资源等，实施"135"美术特色建设三年行动，形成高质量发展路路径。

一、幼儿园健康底色创新行动

——传承行动：以"传承优秀，浸润内心"为原则，传承九龙坡铁路幼儿园在艺术体操、体适能以及篮球等健康特色运动的深厚积淀，实施特色传承行动，将艺术体操融入幼儿早操编排，将小军人运动融入体适能运动，开创具有铁幼特色的小军人武术操、小军人队列训练、小军人挑战运动等。

——广纳行动：以"广纳精华、五能发展"为原则，积极开展"全国青少年足球示范幼儿园""体教融合试点园""安吉游戏试点园"等建设行动，以试点建设促进园所健康底色更加浓郁且厚重。

——创新行动：以"挖掘潜质，个性发展"为原则，以开创"新蒙学""九龙生态游戏"以及市级重点课题"儿童健康管理云平台的开发与应用实践研究"为背景，实施课程创新行动，构建"小火车"园本运动美特色课程，完善康康特色课程，不断提升幼儿的体质健康和心理健康水平，打好儿童成长和全面发展的健康底色。

（一）创生健康环境文化

"健康第一"的教育理念要落地，首先要落实到环境育人上，必须要创生智慧的环境，即安全的、开放的、丰富的、满足幼儿需求的健康环境文化，激发幼儿充分自主地和环境对话。

1.与生态环境对话

创设基于生态智慧与生态伦理的环境，凸显"自然、低碳、本土"的主题理念，投放低碳、生态、低结构的户外运动材料，引发幼儿深度学习。大型材料如：

废旧轮胎、大型管道、竹梯、竹竿、废旧凳子等；小型材料如：大小各异的奶粉罐、易拉罐、油桶、纸箱、床单等，制作的梅花桩、拉力器、投掷门，等等。生态化的运动材料没有固定的玩法与规则，幼儿可根据自身的能力大胆想象与创新玩法，并与同伴协商、交流、合作、自主游戏，每天都能玩出新花样，保证户外运动2小时玩出高质量。

2. 与多元环境对话

创设综合游戏区，打造基于动作与体能发展的多元空间环境。用原木打造成可以发展走、爬、钻、攀登等多种动作的大型运动设施；规划出军旅野战、户外野炊、丛林探险、开心农场等九大户外游戏区；通过撤、移、建、添等方式变单一场地为多元化场地，铺设砖地、自然草地、原木地、鹅卵石地、指压板地垫，让幼儿在不同运动场景切换，体验不同触感的平面运动，体验挑战的刺激与乐趣。

3. 与童趣环境对话

因地制宜创设精灵山洞、公主小城堡、游戏小屋、爱心饲养角等。将情景游戏融入环境打造中，如树上放着大大小小的鸟窝，树丛里藏着可爱的小白兔，城堡旁边出现梅花鹿，种植园旁边住着小猫咪等，幼儿在童趣的运动环境中，情绪愉快，开心运动。

（二）构建健康管理联动网络

我园密切与家庭、社区合作，形成健康管理联动网络，家园社协同，共同护航幼儿体质健康成长。

1. "3+2"模式丰富幼儿在园健康运动

（1）"基础课程+专项课程+订制课程"3类课程

——基础课程即传统性的健康运动，如早操活动、自主游戏、户外运动等。

——专项课程是指健康特色课程：乐乐体适能课程和康康足球课程。

乐乐体适能课程是以小军人体验活动为依托，进行各种军营体能体验活动。以游戏化的方式，提高幼儿的速度、反应、耐力、肌力、平衡性、柔软性、协调性和敏捷性等。

九龙坡铁路幼儿园体适能游戏活动安排表

类　别	内　容	游戏活动
基本动作	走、站、跳、跑、攀、爬、抛、投、推、拉、拍、踢、钻、转、滚、平衡	送鸡毛信(往返跑) 快乐跑跑跑(曲线) 20米线线踩
基本技能	身体平衡技能:直立、弯曲、伸展、转动; 身体移动技能:爬行、翻滚、行走、跑步、蹦跳、跨越; 物体移动技能:抓握、拿捏、拍击、传接、投掷、踢蹬	小飞人 穿越封锁线 士兵突击 急速前进(高抬腿) 金鸡独立
基本能力	综合运动能力:爆发力、灵活、灵敏、力量耐力、速度耐力、协调毅力; 身体运动能力:速度、力量、平衡、稳定、柔韧、耐力; 感知运动能力:定位、定量、反应、预判、节律、操控、定向	练兵大会 运粮大比拼 排雷大王(深蹲跳) 打探敌情(匍匐前进) 滑翔伞转呀转 小军人运动会

康康足球课程从"我与足球做朋友"到"趣味传球"到"足球啦啦操"到"足球对抗赛",让幼儿学会了高速度的奔跑能力,控制身体重心的能力,对抗中的力量素质,以及良好的耐力和柔韧品质。

——订制课程是指体适能+运动修复课程、跆拳道。根据幼儿体测统计数据,派遣专职教练开设以专项运动(跆拳道、篮球、足球)+体适能+运动修复为教学体系的运动课堂。

(2)"一日活动+主题活动"2个融合

——一日活动中的融合。将健康课程巧妙地融入幼儿一日生活,坚持动静交替、集中教育与自主游戏相结合的原则;快乐早操时光,创新形成主题式游戏早操、融入军体操,特色篮球操、足球操、跆拳道等,提升幼儿走、跑、跳等能力;运动套餐环节,我们开发二十个运动项目,包括:花样跳绳、折返跑、快乐足球、山洞探险(钻爬桶+匍匐前进)、篮球高手(拍球)、踩高跷、跳圈+丢沙包、挑战高低架、推小车、轮胎大比拼(加木板、梯子)、平衡过桥+翻跟头等,孩子们自主选择、自主游戏;户外游戏时间,孩子们游戏在走跑跳、平衡、投掷、攀爬、丛林探险、户外野炊、四季农场等九大户外游戏活动区,充分感受运动的快乐。

——主题活动中的融合。每天运动特色主题不一样,星期一民间游戏,星期二全园足球日,星期三小军人体适能,星期四户外建构+主题运动项目,星期五狂野运动时光;每学年定期开展小军人亲子运动会、足球小联赛、早操大比拼等活动。

在主题运动的实施中，以基础课程基本动作为基础，彰显足球和体适能、跆拳道运动特色，提升幼儿的体质健康水平。

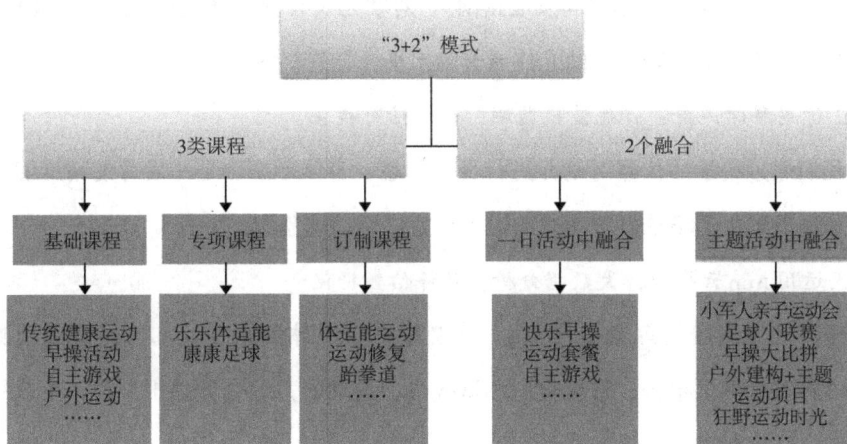

2. "2+1" 模式助推家庭健康管理实施

"2+1" 模式中的 "1" 是指转变家长教育观念，共筑 "家园共育桥梁"，保持家园健康教育的一致性，"2" 是线上亲子锻炼时光和线下家长亲子活动双向进行。通过家长学校讲座，三宽家长线上课程培训等，改变家长教育观念；通过参与幼儿园的亲子活动、运动会、六一节活动、家长助教活动等，陪孩子一起在运动中获得快乐；通过微信公众号发出活动倡议和健康云平台线上亲子锻炼时光，尝试与孩子一起做操、打篮球、踢足球、跳绳、跑步等，助推家庭健康管理活动有力实施。

3. "1+N" 模式拓展社区健康教育资源

社区环境是幼儿健康活动资源不竭的源泉，孩子们可以开展社区游览+远足运动；可以去社区养老院开展 "宝宝爱劳动" 活动；可以在 "走进消防队，学做消防员" 活动中实地感知消防员的工作、现场体验逃生；可以在社区医院观摩医生的工作，知道如何在运动中保护自己的身体……通过家园社协同实施，让健康活动变得更加丰富有趣。

（三）形成健康评估机制

我园改变原有单一的健康管理评估模式和手段，通过多维度评估幼儿体质健康，提高幼儿园体质健康管理的科学性、针对性、有效性。

1.细化五级指标，制定评估量表，让评估科学化

结合《3—6岁儿童学习与发展指南》，对幼儿现有健康管理指标进行细化研究，编制体质健康评估量表，为幼儿体质健康水平评估提供科学依据。

2.运用科学评价，开展健康监测，让评估可视化

我们通过科学的仪器对幼儿进行身体姿态、身体形态、足弓发育的精准静态检测，通过设置运动场景，对幼儿的运动能力进行动态监测。

3.运用App云平台，大数据分析，让评估数据化

通过儿童健康管理云平台App，大数据分析出体测报告。如遗传身高预测报告、含胸驼背测试报告、脊柱侧弯测试报告、运动能力综合评估报告等，生成每个幼儿的个性化档案。

4.开展报告解评，提供指导方案，让评估个性化

①召开报告解评家长会。根据体测结果，组织家长会，向家长作体测指标解读。

②出具家庭运动指导手册。根据家庭运动指导方案，配备专项的家庭运动装备，满足学员家庭运动的需求。

③制订家庭营养补充指导方案。根据微量元素测试数据并结合幼儿优势成长规律，出具个性化家庭营养指导方案，满足运动消耗和优势生长的需求。

二、幼儿园美术特色创建行动

幼儿园地处九龙美术半岛核心地段，2020年以来，九龙坡铁路幼儿园贯彻落实国家对学前教育高质量发展的新要求，落实落地九龙教育"五五行动"，以"五育并举"为目标导向，以"从这里走向美好世界"办园理念为引领，结合幼儿园"12345"五年发展规划以及健康、美术特色实践和办园成效，确立了建立实施五个文化，系统构建"小火车"课程、创建特色五个行动、开创学术五个思考、集团办园五个策略"的"5+5"高质量发展路径，培养具有"健康适能、语言才能、社会适能、科学智能、艺术美能"身心全面和谐发展的"五能宝贝"，建成"时代教育美术馆

式"的西部百年精品幼儿园，实现美好教育，在重庆市乃至全国具有一定影响力。

1.美术品牌推广行动

创建品牌。创建"美美"
美术教育品牌，挖掘美术教
育理念，开展美术教育研究，
推进特色美术课程，培养各
级美术名师，促使幼儿全面
获得美术素养，夯实品牌建
设的质量根基。

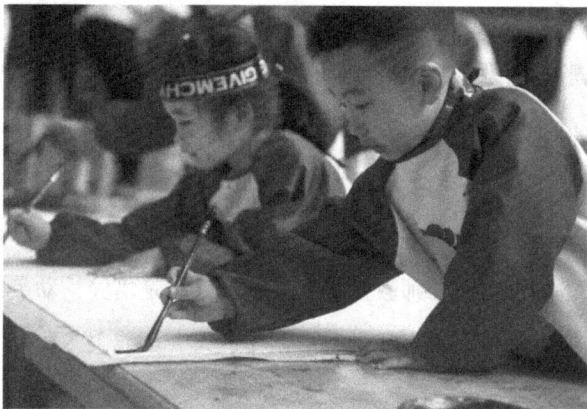

"四有"硬件。"四有"
是指打造有名气、有职能、有经费、有专业的硬件实力。有名气是挂靠四川美院相
关职能部门，依托川美一中教育集团成员单位的先天优势；有职能是有美术特色创
建管理中心，有完善的管理制度，有科学的管理模式；有经费是开发利用美术资源
上预算财政支助；有专业是指有专业教授的聘用，有专业的美术教师的培养。

广搭平台。一是搭建美术教育学术交流的平台，以"铁幼半岛论坛"为载体，
以2023年首届中国"新蒙学"幼儿教育生态发展论坛为推动，搭建美术学术交流的
平台。二是承办全市、全国乃至国际儿童画展，搭建美术教育的推广品牌。

2.美术课程建设行动

立足"生活教育"的理念。立足杜威"艺术即经验"的教育思想和陶行知生活
教育思想，建立在生活中寻找美，感悟美，将生活与美术紧密联系在一起，厘清美
术资源在于生活，美术创作融入生活，美术作品呈现生活的课程建设思路。

传承"东方美学"的思想。"从这里走向美好世界"的理念强调幼儿要"传承
中华文化世界、感知现实美好生活的世界、探索幼儿的明天世界"，因此，我们引
入和传承"东方美术"的文化精髓，在形式上突出国画文化和雕刻文化等。

融合"美术半岛"的特色。一是融合川美雕塑特色，做"美美"泥塑课程；二
是融合九龙美术半岛涂鸦特色，做"美美"涂鸦课程；三是融合园所健康特色，做
"美美"创意课程。其中包括分层体验活动：黄桷坪特色涂鸦、传统美术（水墨画、

泥塑）、动漫等，以及自选体验活动：数字美术（动漫、编程等）、创意美术（艺术体操）、乐器自选（非洲鼓、竖笛、钢琴）、舞蹈自选（街舞、民族舞等）。每年定期开展音美融合艺术节展示活动以及不定期开展主题绘画展活动，注重孩子的体验，萌发幼儿对美的感受和表达，丰富其想象力和创造力，提升其表现美和创造美的能力。

3.美术资源开发行动

建立美术人才资源。一是整合美术专家资源，建立川美教授、工艺美术学校名教师、重庆二师教授等专家顾问。二是培养铁幼美术"五能"教师，即，人人都懂美术教育、人人都会美术创作、人人都能美术研究、人人都上美术活动，人人争做美术名师。

拓展美术环境资源。充分利用九龙美术半岛发展机遇，充分挖掘半岛环境、空间资源，拓宽美术教育场地，将美术半岛的标志景观、大型雕塑、川美环境、美术博物馆、涂鸦街景等，都作为美术教育的资源。

开发美术课程资源。将美术特色、美术课程物化，开发幼儿园美术教育园本课程，开发"美美"涂鸦和泥塑课程资源包，编制儿童水墨画作品集、动漫作品集等，为美术特色课程的深入实施、品牌推广打下良好基础。

4.特色环境建设行动

营造"主动""灵动""悦动"的环境氛围，创设健康、美好生活的幼儿园环境文化的标识、口号和环境形象，依托现代儿童空间理论以及"环境界"概念，强调生命的在场，强调儿童与周围的环境以及他人建立关系，在关系中使彼此的生命得以丰富和充实。

打造"健康云平台"大数据管理智能运动空间，建成"狂野运动场"，打造小军人主题游戏区，建成"最美童年"游戏馆的兵道游戏体验区等，建设具有高辨识度、自然生态、主题明显的运动功能区，促使健康底色更加彰显。

建成小火车时代教育美术馆，打造辨识度极高的以真实火车车厢为中心的涂鸦一条街，升级打造传统文化室、"美美"陶泥坊、美工室等，让幼儿在空间环境中，时刻受到美术元素的熏陶和指引。

三、幼儿园特色发展的初步成效

1. 健康美好幼儿园办园效果

九龙坡铁路幼儿园传承历史，开拓创新，在"健康小火车、天天动起来"的办园文化引领下，以"文化心动、环境促动、课程牵动、家园联动"提升办园品质。全体师生焕发出蓬勃向上的活力，在丰富多彩的活动中展现出"大方、自信、积极、进取"的群体精神气质，收获了累累硕果。如 2018—2019 、2019—2020、2020—2021连续三年获九龙坡区综合办园目标考核一等奖。2018年获九龙坡区食品安全示范学校及九龙坡区食品安全示范食堂。2020年获重庆市幼儿线上健身组织一等奖；2020年成功申报全国青少年校园足球特色幼儿园。在中华总工会主办的2020"网络正能量专题活动"评选活动中，九龙坡铁路幼儿园"对复工职工子女的关心爱心行动"荣获"同心圆"优秀参与活动；2021年获九龙坡区"教育系统消防安全管理标准化示范单位"；我园教师庆祝中国共产党成立100年的舞蹈"红色记忆"获九龙坡区三等奖；我园幼儿舞蹈"小火车动起来"登上九龙坡区教育系统庆祝中国共产党成立100周年文艺汇演的舞台获好评；在2022年"党史学习教育"知识竞赛中获得片区一等奖。

2. 健康美好幼儿成长的效果

美好幼儿主要是指幼儿"五能"成长，主要表现为三个方面，一是传承中华优秀文化，有中华文化素养的成长，如知礼仪、懂分享、有感恩、有自我的成长；二是充满本真生命、快乐生活、健康心态、个性聪明的成长，如日常行为习惯良好、父母关爱、儿童主动参与幼儿园主题学习活动等方面的成长；三是具有幼儿主动发展本质，体现现代社会信息化、网络化、法制化要求的幼儿生活化成长。

（1）中华优秀文化传承

教育部在《完善中华优秀传统文化教育指导纲要》（教社科〔2014〕3号）中指出，中华优秀传统文化是中华民族语言习惯、文化传统、思想观念、情感认同的集中体现，凝聚着中华民族普遍认同和广泛接受的道德规范、思想品格和价值取向，具有极为丰富的思想内涵。九龙坡铁路幼儿园以中华传统优秀文化作为育幼启蒙文化的营造主题，一是充分运用幼儿园的LED、宣传栏、微信公众号、互联网多媒体等各种媒介渠道，结合幼儿年龄阶段教育目标及需求，播放传统文化的动画视频、宣传片等，营造幼儿传统文化的学习氛围；二是通过节日民俗庆典、传统艺术作品展示、民族曲艺表演舞台、班级特色主题区域展示等平台，创设富有传统文化特色的环境，包括班级环境、特色专项活动室环境及幼儿园大环境；三是通过聘请优秀文化专家入园，开展教学观摩、开设专题讲座及研修体验课程等方式，帮助教师厘清传统启蒙文化教育的范畴和核心，构建传统文化的知识框架，从中选择适宜不同幼儿年龄阶段的教育素材，通过科学设计课程与有效实施，真正达到文化启蒙的目的。

（2）美好育幼的收获

九龙坡铁路幼儿园在"美好教育"理念下的育幼过程中，着力于培养幼儿热爱运动、善于表达、文明有礼的良好习惯，以及在健康体能、语言才能、社会适能、科学智能、艺术美能等方面的良好发展，尤其是在语言、健康、艺术方面，取得了一系列骄人的成绩。

积极推进体质健康教育，提升幼儿健康教育品质。幼儿体能发展突出，在2019年重庆市首届幼儿体适能运动会上获特等奖。2019年底我园的幼儿小篮球比赛接待全国多所幼儿园来园观摩获得好评。2020年，我园幼儿参加重庆市儿童青少年科学健身线上推广赛荣获一等奖。

丰富园本特色课程，大力倡导美好教育。我园幼儿彭方程、石芸安两位小朋友参加第六届"紫荆杯"两岸暨港澳青少年书画大赛重庆赛区分别获得中国画组的二等奖、三等奖。

促进"五能"发展，培养新时代"五能"幼儿。我园在重庆市"中国梦行动有我：2020年中小幼学生'成语中国'微电影征集展播活动"获得二等奖。

3.健康美好教师发展效果

九龙坡铁路幼儿园在美好教师培养上，一是注重价值管理，培育积极的"动起来"文化，在教师队伍建设中，把教师培训作为幼儿园最优先、最有价值的目标，鼓励教师读书自修，送教师去培训学习，请专家驻园指导，请名师来园上课交流，精心组织讨论活动，让教师体会"享受工作，品味生活"的乐趣，建立"动起来"健身房、俱乐部、聊天室，以别具一格的形式与教职员工们进行心灵的碰撞与沟通；二是明确培养目标，形成"小火车"课程文化体系，引导教师重建教学价值取向和开放的游戏活动教学观念，在课程实施中，充分关注幼儿的习惯、认知、能力、品格的综合发展，大力倡导主题活动的生成性和游戏的益智性、趣味性，倡导游戏活动组织实施的科学性和实效性，以促进幼儿养成良好习惯和发展思维能力，提高幼儿自我保护、人际交往、社会适应等能力；三是推行生态科研，倡导务实的研究文化，以市级重点规划课题"儿童健康管理云平台开发与运用的实践研究""九龙坡铁路幼儿园'小火车'动能课程体系建设的实践研究"为主线，建立"健康小火车研究中心"（保教中心）、动起来服务站中心（行政后勤），在年级组、班级、家长层面，全面开展健康、营养、游戏活动等方面的子课题研究；四是拓宽评价纬度，营造开放的组织文化，倡导老师们健康快乐、包容友爱。教师们全程参与幼儿园的各种评估方案，积极献策，开放讨论，阳光操作，对教师们的常规评价坚持家长参与，坚持个人与年级组挂钩的方式，一人有奖，全组有奖，一人违规，全组共担。在每年、每学期、每周固定评价的基础上，还建立了一系列的特色奖励项目，每年开展颁奖盛会，设立如最美微笑奖、勤俭节约奖、孩子爱戴奖、保教能手奖等20余种奖项肯定老师们的付出，逐步形成对生活、工作的感恩与进取状态。

（1）人人都有小课题

我园的市级重点课题"儿童健康管理云平台开发与运用的实践研究"和区级重点课题"九龙坡铁路幼儿园'小火车'动能课程体系建设的实践研究"，分别有20多位青年教师作为主研和参研人员加入。

（2）人人都有小特长

教师根据爱好、特长成立美术、乐器、足球特色教研组，将教研活动开展得有声有色，促进孩子们在美术、乐器、足球方面获得较大的进步。文越、吴悠、张文吉等教师多次承担全区的大型活动教研献课，获得上级领导和同行好评。

（3）人人都上示范课

在园内的优质课竞赛活动中，全园形成不怕苦、不怕累、爱探究、团队协作的精神，不断地提高自己的教学实践能力。王丽娜老师获九龙坡区首届"行知杯"赛课一等奖，王丽娜、张文吉两名教师在首届"幼儿教师技能技巧比赛"活动中分别获得九龙坡区全能和单项一等奖，除此之外，我园的教师积极参与学习。

（4）人人都会写论文

在每年的各类论文比赛中，全园教师积极参与，获得了市、区级一、二、三等奖的好成绩。

（5）人人都是管理者

幼儿园的每一次大型活动或者教研活动，教师们都是轮流参与设计方案，轮流组织或主持，形成了人人都有事做，人人都能把事儿干好的良好风尚。在李云竹园长的专业幼儿教育引领下，教师的专业能力增强，王丽娜荣获九龙坡区赛课一等奖，王春梅获重庆市"最美书香家庭"称号，10多位老师的论文获得市、区级一、二、三等奖。2020年幼儿园课题获批市级重点课题。

四、九龙坡铁路幼儿园健康美好教育的改革发展

中共中央、国务院《关于学前教育深化改革规范发展的若干意见》（以下简称《深化改革意见》）指出：幼儿教育深化改革规范发展，是党和政府为老百姓办实

事的重要民生工程。为此，学前教育总体上要全面贯彻党的教育方针，遵循学前教育规律，完善学前教育体制机制，健全学前教育政策保障体系，推进学前教育普及普惠安全优质发展，满足人民群众对幼有所育的期盼。九龙坡铁路幼儿园是九龙坡区教委直属公办园、重庆市示范幼儿园、九龙坡区学前教育先进单位，多年来有着健康管理与评价育幼质量的提高，办园水平在同类幼儿园内领先，有着比较优质的办园质量和社会知名度。对于"三个面向"的改革发展思考设计上，提出了以下的几点思路与对策。

1.深化改革组织机构改革

九龙坡铁路幼儿园深化组织机构改革，拟建立三大组织机构，一是教师发展研究机构。园内调整中层管理部门，成立九龙坡铁路幼儿园教师成长中心，设立主任与副主任岗位，主要管理与评价教师发展、教师课程与教学、教师学术水平等工作。二是幼儿保教与幼儿主动快乐成长机构。成立幼儿成长中心，设立主任与副主任岗位，主要负责幼儿保教具体管理与评价工作，同时针对幼儿主动快乐成长的环境、制度、活动、效果等进行管理与评价工作。三是建立社会参与、专家指导的委员会机构。设立不同的委员会理事组织，如家长委员会、学术委员会、质量监督委员会等，加强依法治园的组织机构建设。

2.细化目标达成时间

2020—2022：环境文化　初见成效——建设健康管理智慧化平台、幼儿美术环境特色，并有较好的彰显。

2021—2022：课程文化　课题成果——落实"小火车"动能课程体系建设，开发美术动漫为主导的美术校本课程读本，完成市级健康管理的课题研究等。

2023—2025：管理文化美术识别——形成科学性、针对性强的幼儿园管理评价制度，完善美术特色环境建设的"时代教育美术馆"方案、标识、流程图等。

2025—2028：教师文化学习常态——探索教师线上线下学习系统平台建设，发展幼儿教师的课程建设能力与家园共育意识等。

2029—2030：幼儿文化美好教育——创建幼儿健康、美术、美好成长的评价数据库，引导幼儿参加各类美术欣赏与评比活动，家园共育成为常态化等。

3.强化幼儿园美好教育文化建设

幼儿园文化包括幼儿园的物质文化（物质环境）、制度文化（园规园纪）、精神文化（价值观念和风俗习惯）。其中，幼儿园的精神文化，即幼儿园在长期的办园过程中所形成的一种特有的价值观念，以及承载这些价值观念的行为模式，是幼儿园文化的最高层，是幼儿园文化的内涵，它处在意识的最深层，是幼儿园文化的关键。九龙坡铁路幼儿园提出"从这里走向美好世界"的办园理念，注重良好习惯的人的培育，要让健康"小火车"天天动起来。美好教育文化强园，一是注重爱心、童心、悦心、真心的"四心"家园共育活动的开展，开发"四心"主题活动课程，让幼儿在园生活活动时间占幼儿在园时间的85%左右，一日生活中的各个环节都能渗透文化教育，如每天3次的进餐活动中向幼儿介绍饭菜营养，培养进餐姿势，注重进餐礼仪；每次洗手过程中让幼儿学习六步洗手法等；二是让阅读陪伴师幼成长，营造书香环境，在幼儿生活环境中呈现经典图画书，在班级阅读区为幼儿配备数量充足的世界各地的优质图画书，带动家庭阅读，教给家长讲述阅读绘本的方法，让家长学习亲子阅读的方法；鼓励家长用压岁钱为幼儿购书，并带到幼儿园和同伴分享等；三是让健康快乐成为园所主旋律，园长在管理中营造快乐，教师在活动中与幼儿一起平等对话享受快乐，幼儿在游戏中体验快乐，做到课程游戏化、教育生活化，开设幼儿喜欢、适合其年龄特点的区域活动和游戏活动，让幼儿在游戏中感受，在操作中学习，在生活中体验；四是经费争取到位，争取上级主管部门领导的支持，获得必要的幼儿园办园改善的财政支出经费，幼儿园申报不同的发展项目，获得发展的社会支助项目经费，采取合作共享走集团化办园的改革路径争取经费；五是专家指导引领，幼儿园将聘请园本先进文化建设、幼儿健康教育的专家及幼儿保教课程教学的专家，以长期合作的方式指导幼儿园的计划制订与落实。

五、案例展示

我们所想到的美好教育——结合九龙坡铁路幼儿园的办园特色思考

人是什么？人就是有着美好人性的生物。生物是一种自然的存在，同时生物更是一种有生命的灵性存在，因为生命本身是一种灵活多样的客观事实，所以研究生命，其实是对于生物美好人性的一种理解与认识。

美好教育，正是人们对于生物美好人性的一种理解与认识基础上的教育。美好教育，对于生命而言，自然离不开生命的本质教育，所以美好教育，始于对人的生命的教育。人的生命教育，依据人的思想和人对于客观世界能动的反映，很明显就是要对人进行主动的生命教育。幼儿的主动教育，其实源于生命教育。

人的美好人性是什么？美好人性就是人的灵魂之属性，有灵魂才有人的思想与情绪。灵魂的根本就是人的灵根之性，灵魂的灵根可以简称为人的美好人性，它是人的一种天性，人天生的童真与灵感，把人与动物很好地区分开来。中国古代有"人贵论"的思想，人贵在有美好的人性。美好教育，是针对人的天性，激发人的灵感，唤起人的自尊自爱的教育。因此，美好教育，也就是一种唤醒灵魂美好之根的教育。

美好教育需要有一种方向与导向，从教育的生活性上讲，生活最需要的是快乐。人的人性中最主要的是人有一种天性的爱美取向，美存在于人的天性之中。幼儿教育，最离不开的是一种人的美的教育，把幼儿教育提高到美育，用"美好行为习惯"去引导幼儿的审美，让幼儿在一生中都有着一种体验幸福生活之美的素质，美好教育其实是最重要的素质教育。

美好的幼儿教育，是对幼儿生命的尊重，同时也是开发幼儿天性的教育。灵动的幼儿教育，需要对幼儿的"五能"活动有深刻的理解，也需要有素质教育的目标确立。美好的幼儿教育把儿童的"五能"作为课程建设的主要课程内容，同时更把幼儿的"五能"（体能、智能、情能、技能、语能）培养作为全面实施素质教育的目标。

幼儿美好教育的实践上，有五个方面的重点需要突出：一是幼儿的美好人性突出，中国古代对于儿童的美好人性有很多的代表：孙悟空的灵性，哪吒的玩乐天性，马良的神笔，等等；二是幼儿的启蒙性突出，中国古代的蒙学内容十分丰富，如《三字经》《千字文》《神童诗》《弟子规》《女儿经》《名贤集》等；三是幼儿的游戏性突出，幼儿教育的所有活动，都要以游戏为基础，中国古代的幼儿游戏虽然没有体系，但游戏对幼儿成长的作用是不可忽视的；四是幼儿的群体性突出，从自然到社会的关键转变，就是幼儿社会属性的增加，这需要加强幼儿群体性的教育；五是幼儿的技能性突出，幼儿的动作虽然没有具体的规范，也不需要形成比较完备的技能，但从幼儿开始培养幼儿的一些技能也是十分关键的，如日常生活的技能，观察别人的技能，等等。

九龙坡铁路幼儿园提出"健康小火车、快乐动起来"，其中把幼儿界定为一个一个的小火车，而小火车要动起来，关键是需要有美好的人性培养，小火车的开动受控于幼儿的灵性。在办园的理念上，幼儿园强调"从这里走向美好世界"，其内涵关键在于幼儿的起点教育要有好的方向与目的，方向是培养幼儿的"五能"基本能力，以及实现"美好行为习惯"的素质教育目标。如果说世界对于幼儿来讲主要是其生活世界、游戏世界、快乐成长的世界、明天的世界，我们则可以认为：幼儿园培养引导幼儿走向的世界，就是其人生的生活世界、游戏世界、快乐成长的世界、明天的世界。

九龙坡铁路幼儿园的灵动教育思想，应当以幼儿为本，幼儿游戏为主导，具体细化其美好教育为：天生的生命之美好教育、生活现实表现的生长之美好教育、面向未来的理想之美好教育、成长健康之美好教育四个相互联系与相互作用的教育方面。

幼儿的美好教育，其课程要立足于"五能"基本能力培养，课程目标落实到实现"美好行为习惯"素质标准的素质教育目标上，课程"五能"的素质教育目标落实到标准制定上，就是幼儿的"五能"素质教育分项目标。

幼儿园的办园特色可以表现在两个大的方面：一是"园本"环境文化建设的美好特色，如园内图画的动漫感、园内环境建设的中华"美好"文化传承特色等；二是园本课程体系建设的美好特色，如"三动"课程体系建设特色，"五能"素质教育标准制定的特色，幼儿园健康管理云平台建设的特色，幼儿户外活动组研学活动的组织特色等。

六、主题活动

（一）方案1：重庆市九龙坡铁路幼儿园"小火车"文化特色活动——"我心目中的园猫"儿童创意画征集通知

各位家长、孩子们：

大家好！还记得我们九龙坡铁路幼儿园那首脍炙人口、人人喜爱的园歌吗？园歌里有四只可爱的园猫——身体强壮的康康、阳光热情的乐乐、助人为乐的小爱、无限创意的小新。这么可爱的小猫，等着你来充满无限想象，用你灵巧的小手画出来！因此，九龙坡铁路幼儿园将诚邀你们一起参与"小火车"特色活动——"我心目中的园猫"儿童创意画征集，留下最宝贵的童年印记。

活动对象：全体幼儿及家长

活动时间：2021年3月19—26日

活动内容：

第一阶段：儿童创意画阶段（3月19—21日，周末）。

①观察、了解猫的特征、习性：各位小朋友在家长的指导下，观察自己家、朋友家、宠物店猫的外形特征，了解生活习性。

②"我心目中的园猫"创意画：在家长的指导下，孩子们画出自己心目中的猫，大胆想象，色彩鲜明，形象生动，童趣可爱。纸张篇幅不限，绘画材料不限（油画棒、水彩笔、水粉颜料等皆可），猫的数量不限，创作方式不限。

第二阶段：征集展示阶段（3月22—26日，星期一至星期五）。

①评选活动：3月22日（星期一），幼儿将创意猫作品上交到班级老师处，各班初步筛选出5~10幅作品，统一交到幼儿园布展。教师和幼儿投票选出50幅最佳创意作品。

②作品展示：3月25日下午（星期四），邀请30幅最佳创意作品的的幼儿和家长作者来园，共同完成幼儿园户外墙饰涂鸦区的创作和画板创作。

③活动奖励：活动结束后，评选出最佳创意奖、最佳参与奖、最佳班级组织

奖，发放奖状和纪念品。

④补充说明：没有评选上的作品将用于幼儿入园证的手工制作，即在教师的指导下，幼儿将自己的创意作品制作成创意入园证。

幼儿活动课程的教学组织。如"小火车"绿色行动——三月主题活动方案如下：阳光明媚当空照，小朋友们来植树；我拿铲，你拿水，种下棵棵小苗苗。最是一年春好处，莫负芳菲好时光。春风起，万物生，在春满人间的美好时节，一年一度的植树节来临之际，九龙坡铁路幼儿园三月主题活动——"小火车"绿色行动拉开了序幕，孩子们播种一颗种子，收获一种希望。播种一种行为，收获一份成长。

——教育引导，了解节日由来。为了使孩子们积极主动地参与植树节相关活动，老师们帮助孩子们了解了植树节的由来和意义，激发孩子们参与种植活动的兴趣。

——赠送菜苗，激发种植兴趣。为进一步激发孩子们参与种植活动的兴趣，幼儿园举行了隆重的种植活动开幕式。开幕式上，大班孩子朗诵了关于春天的古诗。全体孩子齐声歌唱《春天在哪里》，营造春意盎然的活动氛围。随后，园长李云竹向孩子们集体赠送菜苗，引导孩子们认识各种菜苗的名字。最后，"四季农场"的黄阿姨登台，向孩子们展示劳动工具，介绍各种工具的用法。

——菜园播种，体验劳动快乐。在幼儿园的"四季农场"，各班幼儿在老师的带领下，投入了热火朝天的种植活动中，瞧，他们用铁锹铲土、撒种、栽菜苗、浇水，干得可起劲啦！最后，还用小小的画笔进行了活动记录。

——亲子行动，共建绿色家园。为形成家园合力，倡导家庭积极参与爱绿、护绿行动，共建绿色家园，九龙坡铁路幼儿园向家庭发出活动倡议。

本次"小火车"绿色系列行动，既是我园劳动特色课程的一次生动实践，又是对孩子开展生态文明教育的一次良好契机。通过活动的开展，孩子们既参与了劳动实践，又加深了绿化环境意识，激发了孩子们爱绿、护绿的情感。

（二）方案2：九龙坡铁路幼儿园"运动悦童心 新年强军梦"冬季亲子运动会方案

1.活动目标

①展现我园军体课程成果，表现幼儿技能提高，增强幼儿保卫祖国的情感。

②通过开展亲子运动会，增强幼儿体质，增进家长与子女之间的情感交流，让家长在参与幼儿活动过程中，体验与孩子一起进行游戏活动的乐趣，增进亲子之间的感情并进一步感悟幼儿教育的观念，增加老师与家长的共同了解的机会。

③培养幼儿初步的团队意识和竞争意识，帮助幼儿懂得在活动中要合作、谦让、遵守规则，勇于克服困难，体验胜利的愉悦。

2.活动时间安排：（暂定、遇下雨延后）

2020年12月25日8:40—11:00

彩排时间：12月23日、12月24日下午

3.活动主题名称

"运动悦童心　新年强军梦"

4.活动形式

心愿墙张贴+幼儿出场式+幼儿军体技能展示+亲子运动项目+竞技项目

5.活动地点

九龙坡铁路幼儿园操场

6.人员安排

裁判长：李云竹园长

副裁判：李利副园长

场控组：张涛主任　罗晓霞主任　万岭主任

小班组裁判长：雷涛

中班组裁判长：彭月

大班组裁判长：朱艾莉

实施组：全园教职员工

接待组：陈玉璇　汤秋　吴优　李芮　文越

7.运动奖项设置

班级设置勇往直前、精神饱满、坚持不懈、团结协作、持之以恒、斗志昂扬、奋勇争先、生龙活虎、奋发向上奖。幼儿个人单项奖每人一个，分为运动宝贝、健康宝贝、阳光宝贝，各占三分之一。

8.活动准备工作安排

内容	内容详述	负责人
师幼准备（12月22日前）	1.接待及解说词熟悉	李利、陈玉璇
	2.园舞《小火车动起来》排练	张文吉
	3.幼儿表演军体拳、单个军人列队展示排练	汤秋、洋洋教官
	4.主持人熟悉主持词，培训小主持人，准备主持人服装	文越
	5.园长致辞	李云竹
	6.家长致辞、幼儿代表宣誓排练	胡玲玲
	7.国旗队、园旗队、彩旗队、家长队排练	
	8.新年环境创设：门厅、校门； 大门口活动预告； 根据竞赛项目确定适宜各年龄段幼儿及其家长参与的项目； 准备各年龄段竞赛成绩记录单，包括计时、计分、运动材料准备； 邀请4位家委会成员担任其他年级组裁判	各年级组长
	9.各班级准备 (1)移动新年主题展板 (2)班级特色出场式排练(1到2分钟展示) (3)亲子新年愿望卡制作(班级发形状不一彩色卡纸) (4)各活动组自己选择时间排练团体操，熟悉军事技能挑战训练、各年龄段比赛大致玩法，熟悉战队位置 (5)班级群里提前公布运动会时间(提醒家长幼儿提前准时入园)、地点、参赛人员、流程、亲子游戏项目内容、规则和着装要求、亲子在家训练的内容，通知家委会 (6)班级特色展示介绍词 (7)告知活动注意事项： ①参与运动会的家长建议是孩子的爸爸或妈妈，为保证安全，爷爷奶奶尽量不参与比赛 ②活动中做好活动的组织工作，强化活动纪律，做好周密安排，照顾幼儿家长安全；班级老师要做好家长的接待和配合工作，指导家长遵守活动规则 ③对幼儿进行安全教育、纪律教育，各班老师随时清点幼儿人数，班级老师时刻关注幼儿在活动中的表现，发现异常及时关注 ④提醒幼儿家长：安全、快乐第一，比赛第二 ⑤活动前，提醒幼儿饮温水、解便，活动中注意调整幼儿活动量 ⑥班级老师组织好饮水、如厕幼儿，由空堂老师带领有序饮水、如厕	各班级教师
	10.家委会联系：协助布置场地，做好颁奖嘉宾，参与家长方阵	
	11.运动会邀请函：邀请函中除通知限一位家长(爸爸或妈妈)参加活动外，还要友情提醒家长注意穿适合运动的鞋子	
	12.特色方队：小火车方队节目排练(融合篮球，足球，跳绳)	

142

续表

内容	内容详述	负责人
后勤组准备	(1)签到表的制作 (2)洗手间(肥皂、檀香、卷纸、清洁、免洗洗手液、手机放置处) (3)运动场布置:运动区域划分、一体机摆放 (4)园门口LED屏幕字幕、新年心愿墙 (5)一号楼一楼茶歇、水果、牛奶;运动场内矿泉水准备 (6)签到处测温消毒、登记 (7)校园文化、新年展板、校门口预告有序摆放 (8)运动会现场布置 (9)园旗,彩旗;奖状准备:班级、幼儿、家长进校园奖状 (10)医务组	罗晓霞 张涛、万岭 张涛、张勋容 万岭 张涛、张勋容 张涛、林清 万岭、邓军 张涛、林清 张涛、张勋容 康燕
信息组中心	(1)活动新闻、简报 (2)活动过程中拍照、摄影 (3)PPT播放、音乐、话筒、音响	杨娅、汤秋 匡原缘、吴悠、陈玉璇 万岭、胡晓宇

9.运动会流程

时间	事项	负责人	要求
8:00—8:40	早餐、准备工作	各班	幼儿到班级尽快用早餐,做好准备工作
8:40—8:50	家长签到、测量体温、洗手消毒入园	张涛、林清	
	带领家长入座操场	陈玉璇	8:35在2号门集合,接待家长按班级规定位置坐在家长席
	幼儿候场		幼儿排成2或4路纵队有序地在操场右侧,一号楼一楼门厅,会议室,奥尔夫音乐室候场(按国旗队、园旗队、彩旗队、家长代表队顺序依次排列)
	播放幼儿园视频	万岭	8:40播放视频,8:49关视频,切换运动会PPT
8:50	主持人开场	文越	主持人上场,温馨提示,宣布运动会项目和时间安排
8:50—9:10	幼儿出场式 8:45国旗队、园旗队、彩旗队、家长代表队、小火车队在操场候场;后面班级在一号楼一楼等待并及时衔接上前一个方队	各班	幼儿、老师一起随音乐入场。顺序:国旗队、园旗队、彩旗队、家长代表队、小火车队、大班(四)、大班(三)、大班(二)、大班(一)、中班(三)、中班(二)、中班(一)、小班(二)、小班(一)(提前5分钟候场,每个班展示特色,1.5分钟以内)

续表

时间	事项	负责人	要求
9:10—9:20	升旗仪式	国旗队	
	园舞	9位园舞老师主席台领舞	
9:20—9:30	园长致辞	李云竹	
	家长致辞、幼儿代表宣誓	胡玲玲	
9:35—9:40	军操热身	各班级老师	全体幼儿
9:40—10:45	军体拳、当个军人列队展示	汤秋	全体大班幼儿，转向面对中小班
10:45—10:05	亲子律动	洋洋教官	全体家长与幼儿
9:05—10:25	军事技能挑战训练：打探敌情 山洞探险	各年级组长、洋洋教官	全体家长与幼儿，大班分为一组，中、小班分为一组，同时开展
10:25—10:50	各年龄段比赛：亲子竞赛（高空荡桥）	各年级组长、洋洋教官	全体家长与幼儿，分年龄段进行，大班分为一组，中班分为一组，小班分为一组同时开展
	各年龄段比赛：幼儿竞赛。大班：穿越封锁线 中班：空军训练营 小班：运送手榴弹		
10:50—11:00	裁判长李云竹园长宣布比赛结果，和家委会一起为班级和"家长进校园"家长颁奖，主持人宣布活动结束	李芮	准备奖状，组织小主持人当礼仪，幼儿与家长一同站到班级队列，班级家长与幼儿代表、"家长进校园"家长依次上台领奖
11:00	留影	匡原缘、吴优、各班教师	组织班级家长、幼儿合影留念，顺序为小、中、大班依次进行
	欢送家长	接待组	指引家长填写活动满意度调查问卷
	整理工作	各班教师	整理各自区域运动器材

10. 游戏说明

军事技能挑战训练——打探敌情（钻爬动作练习）：家长小朋友，一起出发，匍匐前进出发，要求肚子紧贴地面，手臂前伸，右脚往前收蹬地，然后再交替前进。

山洞探险（匍匐前进动作练习）：家长蹲下，手臂前伸，手掌着地、全脚掌着地，变成坚固的地道，小朋友们快速从地道通过。

附录

重庆市九龙坡铁路幼儿园（2020—2050）"12345" 五年发展规划

　　重庆市九龙坡铁路幼儿园创建于 1956 年，是九龙坡区教委直属公办园，重庆市示范幼儿园，九龙坡区学前教育先进单位。多年来，幼儿园将幼儿健康管理与评价放在育幼质量的首位，办园水平领先于同类幼儿园，有着比较优质的办园质量和社会知名度。随着我国教育现代化的推进，学前教育需要立足现实和面向未来发展，九龙坡铁路幼儿园在研究九龙教育"五五行动"新的幼儿教育改革发展要求，以及地处黄桷坪九龙半岛美术公园发展的最佳契机基础上，拟制定出独特的"12345"（一个科学完整的办园思想体系、美术与健康两大特色、家园社区共育的三维空间、四个不同场景的美术馆、五大任务完成）五年发展规划，以全新的办园理念"从这里走向美好世界"为核心，面对信息化时代智慧办园对学前教育健康管理提出的挑战，构建"时代教育美术馆"式的西部百年文化精品幼儿园，用五年的时间在全国学前教育界产生积极的影响。

一、指导思想

全面贯彻中共中央、国务院《关于学前教育深化改革规范发展的若干意见》《幼儿园工作规程》《幼儿园教育指导纲要（试行）》等学前教育的新发展、新精神、新要求，结合《中国教育现代化2035》提出的学前教育现代化发展目标，从2021年开始，幼儿园坚持"从这里走向美好世界"的办园理念，分析本园幼儿教育历史积淀，发掘中国铁路文化，结合《3—6岁儿童学习与发展指南》的精神要求，实施以"健康小火车、天天动起来"为核心的主题幼儿园文化，追求"培养拥有幸福能力的人"的育人愿景，构建起五维一体的"五能小火车"课程体系，彰显"艺体"办园特色，运用大数据管理全面提升办园品质，努力办成有更高品质，更具有学前教育现代化的全国一流幼儿园。

二、发展目标

（一）总体目标

未来5年内，全园重视"从这里走向美好世界"理念的彰显，依据幼儿天性与幼儿健康快乐的教育理论，从课程的"五能"培养目标上，到幼儿园健康管理智慧化的环境建设，落实立德树人的根本任务，以面向幼儿"传承中华文化世界、感知现实美好生活的世界、探索幼儿的明天世界"为途径，在面向现代化的过程中，构建幼儿"五能"素质教育课程体系，探索本园发展为国家一流幼儿园的健康、幸福教育的育幼模式，实现幼儿健康、快乐学习，成为拥有幸福的潜力人，幼儿园具有美术特色的总体目标。本目标将在深化幼儿园教育体制改革，规范幼儿园的育幼课程、家园活动、管理制度、教师队伍、学术交流等方面发挥重要的导向作用，为初步实现幼儿园的教育现代化、教育高位均衡和示范引领性发展打下良好的基础。

(二) 阶段目标

1年内，制定、规划并落实好健康、快乐教育的幼儿教育方案，承担规划科研课题进入实施阶段；2~3年内，初步完成美术特色的"五能"校本化课程体系与信息化健康管理的育幼教育体系，办园质量进入市级示范幼儿园前列；4~5年内，初步完成总体目标，达成健康管理、时代美术馆式的全国一流幼儿园，使幼儿教育整体育人水平得到全面的提高。

三、现状分析

(一) 优质基础

1.办园条件基础

在九龙坡区教委的大力支持下，幼儿园不断加大基础设施改建力度。改建了厨房、卫生间；重新装修了教室、读吧、木工坊、舞蹈厅、会议室；改建了部分区域的地板、教室围墙；更换了部分电子白板；新增添了大小型玩具、体育器材等。

2.师资队伍基础

目前，全园教职员工55人（在编27人，长病假2人），一线教师21人，教师学历全部达标，其中，本科学历12人，专科学历15人；高级教师4人，一级教师11人，二级教师4人；市级骨干教师3人，区级骨干教师2人；保育队伍10人，均有保育证书。幼儿园的队伍较为稳定，是一支政治过关、业务优良、勇于创新、与时俱进的保教队伍。

3.完善园本培训机制

幼儿园建立了一套完善的教职员工培训机制，除园内的教研培训形成的"老带新"方式、课题立项研究方式、课程建设机制引领等外，还采用专家驻园指导、开办讲座、点评课堂等"请进来"的方式，以及教师职工"走出去"学习、交流、研讨的方式，形成了良性的培训机制。

4.部分课程建设有成果

本园在市区专家的指导下，参与了"基于幼儿园育幼生态环境创设"的课题研究，逐步引入了篮球课程以及围棋、语言、绘画等特色课程。以幼儿园的游戏化教学为主导，开展了灵动教育思想影响下的"三动五能"课程体系建设，部分课程有了一定的明显效果。

5.依法治园有所起步

本园形成了幼儿园的章程，比较顺利地依法、依规办园，经过多年的积累与整理，逐渐形成了一套集规范化和人性化为一体的制度，拥有了一套较为成熟的管理机制，形成了民主和谐的管理氛围。

（二）办园差距

1.办园理念需要完善

虽然，本园现提出了"从这里走向美好世界"的理念，但需要细化，"这里"是幼儿生命的家园、幼儿生活的学园、幼儿生长的乐园；细化在"走向"教育现代化时，还要重点突出"五能"课程体系建设及"幸福人生"的素质教育对策；细化幼儿园的"小火车"天天动起来，让幼儿健康、善良、主动、个性地发展。

2.办园特色彰显不够

本园长期寻求学前教育指导思想的特色化，虽然提出了灵动教育，并重视"三动五能"课程体系建设，教师灵动育幼整体素质提高，以及在办园管理制度建设上强调规范化和人性化相结合，但与全国各地开展灵动教育的幼儿园取得的成果、形成的特色相比较，还存在很明显的差距。

3.教师育幼素质整体不高

目前，幼儿园教师的专业素养存在一定的差距，一是教师年龄偏大；二是年轻临聘教师较多；三是存在职业倦怠心理，班级管理经验和执教经验欠缺；四是信息技术应用于课程教学严重不足。

4.园本环境建设要改善

目前，虽然幼儿园硬件设施有很大的改善，但从教育发展上讲，还需要有园本环境整体文化建设设计，需要从园内添置门岗亭、更换伸缩门，加装幼儿园名字的LED灯牌，更换地面草坪和道路地砖，维修教学楼外墙，改善教职工食堂、图书活动室、教师备课室、教师休息室环境和设施等方面进行办园条件的改善。

5.幼儿教育学术水平需要提高

多年来，幼儿园在科研成果获奖以及参与市级以上的学术交流活动上重视不够，幼儿园办园水平和特色形象打造上需要进一步深化改革。

四、发展任务

（一）环境文化建设

环境育人，以中华传统优秀文化作为育幼启蒙环境的营造，以及教育现代化健康管理云平台建设为育幼环境条件的创建，实现本园未来五年环境文化建设。在中华传统优秀文化育幼启蒙环境的营造上，完成三个方面的建设：一是立足于幼儿天真、游戏、健康生长的理念，收集中华传统文化中具有健康、快乐、幸福生活的儿童的诗歌、童谣、故事等，进行环境文化氛围的营造；二是结合学前教育"五能"课程建设，区分环境的育人功能区，将幼儿园整体划分主动、智慧、美术三个环境功能区；三是设计具有健康、美术、幸福生活的幼儿园环境文化的标识、口号、园歌等，打造健康、美术、幸福生活的环境形象。在教育现代化幼儿园健康管理云平台建设上，积极挖掘幼儿园教育现代化的资源，通过专家与教师的智慧，通过九龙半岛美术社区环境的沟通与学习共同体的建设，完善各智能功能室，如图书室要让图书绘本进入云端，生活体验室和陶艺吧要全面安装电脑，校园环境不同功能区要增设智能控制与展示的平台等。在加快美育特色办园步伐上，注重以美育幼，注重美美成长的环境建设，5年中，幼儿园加快社区幼儿美育资源的开发与利用步伐，在幼儿园大门改造、不同功能活动区的部署以及相关幼儿活动中渗透美术育幼元素，对外宣传的识别标识上形成有美术特色的设计制作等。

（二）课程体系建设

幼儿园的课程体系本质上是幼儿"五能"的素质教育体系，内容上依据国家规定的学前教育包含的健康、语言、社会、科学、艺术等五个领域的课程学习内容，分为三大领域，即基础课程、智慧课程、美术课程。

基础课程：国家规定的幼儿教育开设的基础性课程，如语言类、科学类、艺术类课程，因此，也可以认为是基础性的育幼课程。

智慧课程：基于本园灵动教育思想开设的"五能"拓展性课程，如健康体能、语言才能、社会适能、科学智能、艺术潜能，开发的"健康小火车、天天动起来"活动课程，具有传统文化特色的武术课程等。

美术课程：面向幼儿幸福人生奠基的课程，也可以说是亲情、友情、童趣性、游戏性、粗浅的网络学习课程、社区的美术特色课程等。

未来5年中，本园的课程体系要素体现为以下方面。

课程理念："小火车"天天动起来。

课程目标：培养拥有幸福潜力的人。

课程主题："五能"课程育人。

课程教学："五性"（游戏性、生活性、操作性、体验性、个体性）教学。

课程管理：健康智慧云课程资源管理与幼儿"五能"课程教学管理。

课程评价："三多"（多元、多主体、多素质）评价。

在课程体系建设过程中，承担市级以上课程建设公开教研活动1～2次，开展教师课程体系建设多项小课题研究活动，同时开展外出学习活动1～2次。

（三）教师队伍建设

未来5年内，进一步优化教师队伍结构，提升教师素质内涵，打造一支爱岗敬业、乐于奉献、善于合作、勇于创新的幼儿健康教育教师队伍。重点制订好教职员工队伍建设的指导性意见或方案，初步实施教师量化管理制度、教师项目管理制度、教师质量管理制度、教师学术管理制度、教师依法治教管理制度等，形成教师发展的课程建设、小课题研究、校本研修等评价管理机制，完成好规划课题的研究任务，加强师德教育，完善教师职业道德评价要求，加快对以动漫为主导的美术校本课程师资建设等。具体任务有：成立名师工作室，制定分层培训计划，培养市级骨干教师2~3名，成立教师培训基地，申报重庆市教育规划课题研究1~2项，汇编教师教学科研成果1~2本，出版幼儿园办园特色专著1本。

（四）管理现代化建设

5年内，幼儿园的科学管理，除了建立完善的课程制度、队伍制度、育人活动制度、民主管理制度等制度体系外，还需运用"互联网+"科学管理，形成健康管理系统的智能化，加强幼儿园内网与外网建设，引进先进的信息化大数据管理平台。内网建设上，一是管理者通过视频、网站浏览各班级，网站后台自动记录教师的各项常态工作，为年终择优、评先提供依据；二是班级之间通过校讯通、公共邮箱、网站等平台进行文件浏览、传输，实现有效的网络化办公；三是利用电子信息技术，为幼儿建立电子档案，以视频、图片、音频的方式，对幼儿的成长进行全方位的健康管理记录；四是资料保管进入云端化。外网建设上，一是完善网上报名与咨询；二是推动园级动态、园所介绍、公告通知、大型活动介绍等信息化建设；三是开设班级动态、幼儿动态、教师博客等"三微一抖"等；四是组织参加全国幼儿教育论坛活动，争取获得好评；五是开展"三教"结合、"五五行动"的教学成果评选，推进幼儿园"五名"工程的落实。5年内，承担的市级规划课题结题并取得市级以上的优秀科研成果，幼儿园成为集团化办园探索实验基地园，成为市级智慧校园。

（五）幼儿健康、美术、幸福成长建设

幼儿健康、美术、幸福成长表现为三个方面的成长，一是传承中华优秀文化，有中华文化素养基础的成长，如知礼仪、懂分享、有感恩、有自我的成长；二是充满美感、心态向上、心理健康、个性聪明、有美术审美意识的成长，如日常行为习惯良好、父母关爱、儿童主动参与幼儿园课程学习活动、幼儿天性绘画能力等方面的教育成长；三是具有幼儿幸福生活本质，体现现代社会信息化、网络化、法制化要求的幼儿生活化、审美化成长。5年内，本园主要从家园共育大数据思维和信息

技术运用创新家园共育生态环境，开展好线上和线下结合的家长课堂，共享发展云端管理辐射，引领安装健康管理系统平台，构建空中"云"园本教研平台，以及着力制定幼儿健康、美术、幸福成长的"五能"课程育人标准，评价在激励机制的建立上开展的健康、美术、幸福成长机制，完善建设。

五、组织机构

幼儿园建立三大组织机构，一是教师发展研究机构，园内调整中层管理部门，成立九龙坡铁路幼儿园教师成长中心，设立主任与副主任岗位，主要管理与评价教师发展、教师课程与教学、教师学术水平等工作。二是幼儿保教与幼儿主动快乐成长机构，成立幼儿灵动成长中心，设立主任与副主任岗位，主要负责幼儿保教具体管理与评价工作，同时，针对幼儿主动快乐成长的环境、制度、活动、效果等进行管理与评价工作。三是建立社会参与、专家指导的委员会机构，设立不同的委员会理事组织，如家长委员会、学术委员会、质量监督委员会等，加强依法治园的组织机构建设。

六、发展保障

（一）细化目标达成时间

2020—2021：环境文化　初见成效——建设健康管理智慧化平台、幼儿美术环境特色，并有较好的彰显。

2021—2022：课程文化　课题成果——落实"五能"小火车动起来课程体系建设，开发美术动漫为主导的美术校本课程读本，完成市级健康管理的课题研究等。

2022—2023：管理文化 美术识别——形成科学性、针对性强的幼儿园管理评价制度，完善美术特色环境建设的"时代教育美术馆"方案、标识、流程图等。

2023—2024：教师文化 学习常态——探索教师线上、线下学习系统平台建设，发展幼儿教师的课程建设能力与家园共育意识等。

2024—2025：幼儿文化 幸福生长——创建幼儿健康、美术、幸福成长的评价数据库，引导幼儿参加各类美术欣赏、评比活动，家园共育成为常态化等。

（二）落实经费到位

一是争取上级主管部门领导的支持，获得必要的幼儿园办园改善的财政支出经费；二是幼儿园申报不同的发展项目，获得发展的社会支助项目经费；三是采取合作共享，走集团化办园的改革路径争取经费。

（三）专家指导引领

5年内，幼儿园聘请园本先进文化建设、幼儿健康教育的专家及幼儿保教课程教学的专家，以长期合作的方式指导幼儿园的计划制定与落实。

附录二

重庆市九龙坡铁路幼儿园章程

（本章程于2016年12月12日经教职工大会讨论通过）

序 言

九龙坡铁路幼儿园于1952年成渝铁路正式通车起开始筹建，1953年，成立铁路托儿所，1978年，正式更名为九龙坡铁路幼儿园，属企业办园，举办单位是重庆铁路分局。2000年，被评定为重庆市示范幼儿园；2002年，通过重庆市首批示范园的复审，是重庆市10所复审合格的园所之一。2005年1月1日，由重庆铁路分局移交九龙坡区教委管辖，转制成为政府办园。

在60多年的办园历程中，始终把办朴素幼儿教育、科学幼儿教育作为工作的出发点和归宿，秉承"以游戏为基本活动，六大教育领域有机融合，引领幼儿自主发展"的教育思想，围绕健康环境、健康管理、健康教学、健康服务4个方面努力形成办园特色，受到社会各界及家长的高度认可，在全区具有较高的影响力和美誉度。

第一章 总 则

第一条 为规范幼儿园内部管理体制和运行机制，推进幼儿园依法办园，加强幼儿园的科学管理，促进幼儿园持续、稳定、健康地发展，依据《中华人民共和国教育法》《教师法》《未成年人保护法》《国家依法推进依法治校实施纲要》《幼儿园工作规程》《幼儿园教育指导纲要》《3—6岁儿童发展指南》等有关法律法规，制定本章程。

第二条 全称：九龙坡铁路幼儿园；办园地址：重庆市九龙坡区黄桷坪新市场铁路二村76号。

第三条 本园由重庆市九龙坡区教育委员会举办，经九龙坡区事业登记管理局登记批准，是具有法人资格的办学机构，独立承担民事责任。本园是一所实施学前教育的全日制教育机构。经费来源由国家财政全额拨款。

第四条 幼儿园面向全社会招生，招生对象为年满2岁半至6周岁身体健康的学龄前幼儿。招生规模依当年招生报名情况而定，班级人数按照《幼儿园教育指导纲要》要求为准，开设小班、中班、大班3个年龄段，最多可招收15个班。学制为3~4年。

第五条 办园理念：辛勤耕耘，奠基健康人生。

办园宗旨：坚持保教结合，活动育人，和谐发展，服务社会。

教师团队培养目标：仁爱善良、阳光正直、敬畏生命、热爱幼儿教育、科学育人。

育人目标：让孩子全面而有个性的发展，把孩子培养成身心健康、习惯良好、思维活跃、富有个性的儿童。

第六条 园徽：1956，代表幼儿园从1956年正式创办至今的一段办园历程；主体火车形象，寓意师生像一列列小火车，在美好教育的影响下，主动学习，自主管理，协同创新，身心健康，全面发展，走向美好世界；主色调黄色、灰色、白色，3种颜色具有宁静、高雅、时尚、和谐的视觉效果，彰显了一所高品质、现代化幼儿园独特的办园品位。

第二章 分 则

第一节 管理体制

第七条 幼儿园实行园长责任制。园长是幼儿园的法人代表，对外代表幼儿园，对内全面负责幼儿园的教育教学和行政管理工作。副园长协助园长开展工作。园长、副园长由九龙坡区教育委员会聘任。

第八条 园长在任期内按有关法规、政策规定和幼儿园内改方案自主管理幼儿园，对人员聘任、经费使用、设施管理、考核、奖惩及组织教育教学活动等方面具有决策权和指挥权。

（一）组织拟订和实施幼儿园发展规划、基本制度、重大教学科研措施等。

（二）组织拟订和实施幼儿园内部组织机构的设置方案。按照国家法律和干部选拔任用工作有关规定，推荐副园长人选，任免内部组织机构的负责人。

（三）负责教师队伍建设，依据有关规定聘任与解聘教师以及其他工作人员。

（四）加强财务管理和审计监督，管理和保护幼儿园资产。

（五）组织开展教学活动和科学研究，创新人才培养机制，提高人才培养质量，把学校办出特色，争创一流。

（六）做好幼儿园安全稳定和后勤保障工作。

第九条　学校不定期召开行政会议，由园长、副园长、保教主任、后勤主任、保健主任和财务人员组成。其主要工作任务是负责管理全园工作开展，参与制定幼儿园章程、发展规划和其他规章制度、人事与财务方案等重大事项。

第十条　幼儿园重大问题由园务会议集体研究决定。幼儿园根据办学实际需要，建立由园长任主任、行管人员和选举出的职工代表为成员组成的园务委员会。参与讨论、通过、审议幼儿园章程、发展规划和其他规章制度、人事与财务方案等重大事项。园务会每月至少一次。

第十一条　学校建立以教师为主体的教职工（代表）大会制度，保障教职工参与学校民主管理和进行民主监督。教职工代表听取并审议学校工作报告、校务公开报告、工会工作报告、财务工作报告；审议学校的发展规划、改革方案以及涉及教职工切身利益的方案、制度，并提出相关意见及合理化建议。

学校工会作为教职工代表大会闭会期间的工作机构，保障民主管理、民主监督的落实，维护教职工的合法权益。

第十二条　幼儿园基层党组织发挥政治核心作用。保证和监督幼儿园贯彻实施党和国家的各项方针、政策，保证幼儿园坚持社会主义的办学方向。幼儿园依靠基层党组织，充分发挥工会、教职工（代表）大会等组织的作用。

第十三条　学校成立家长委员会，由各班家长代表组成，在园长的指导下开展工作。其主要职能是参与幼儿园民主管理，听取、提出和反映家长的意见和建议，监管幼儿园的工作运行情况，发挥家长与幼儿园之间的桥梁和纽带作用。

第十四条 幼儿园设置保教办公室（含安稳办）、卫生保健室、财务室、人事档案室等职能部门，分别承担相应的管理职能。

保教办公室职能：在园长领导下负责管理教育教学、教科研、安全和后勤工作，提升保教工作质量。确保园所和师生安全。

卫生保健室职能：在园长领导下，负责管理全园清洁卫生消毒、疾病预防、食堂工作、幼儿学籍管理和招生工作，减少传染病的发生，杜绝传染病的蔓延，确保师生食品的健康与安全。保证新生顺利入园。

财务室职能：在园长领导下，做好年度预算与结算，按照财务管理相关制度，合理收支和实施资产管理，做到精打细算，合理开支，确保幼儿园正常运转。

人事档案室职能：在园长领导下，负责全园教职工个人信息档案管理。负责签订聘用职工用工合同和解聘合同。掌握教师职称评定和教师岗位设置相关要求，确保工作如期推进。

第十五条 幼儿园依法实行信息公开，切实保障教职工、家长、社会公众对幼儿园重大事项、重要制度的知情权、参与权、表达权和监督权。

第十六条 幼儿园依法健全园内纠纷解决机制，综合运用信访、调解、申诉等争议解决机制处理幼儿园内部各种利益纠纷。幼儿园建立园内申诉制度。成立园内家长申诉处理机构和园内教师申诉处理机构，明确申诉处理机构的人员组成、受理及处理规则。

第十七条 幼儿园依法接受教育部门及其他政府相关部门的管理和监督，接受社会、家长的监督，听取社会各界对幼儿园工作的意见和建议。

第二节 幼 儿

第十八条 凡被幼儿园接收或转入的幼儿即取得幼儿园学籍，为本园在读幼儿。幼儿园加强学生学籍管理，建立健全学籍档案，依据《重庆市中小学生学籍管理办法》办理幼儿转园、退园等手续。

第十九条 幼儿在入园前，必须按照卫生部门制定的卫生保健制度进行体格检查。合格者方可入园。

第二十条　幼儿享有下列权利

（一）接受平等教育，对教师不公平的评价或行为有权提出意见。

（二）参与幼儿园安排的各种教育教学活动。

（三）在园情况、个人发展评价及评语等获得公正评价。

（四）享有法律法规和幼儿园制度规定的其他权利。

第二十一条　幼儿应当履行下列义务

（一）遵守幼儿园的规章制度。

（二）规范行为、尊敬师长、友爱同学，形成良好的思想品德和行为习惯。

（三）关心班级和他人。

（四）维护幼儿园声誉。

第二十二条　幼儿园遵循全面性、发展性、动态性、客观性的原则，开展幼儿发展评价工作，并建立幼儿成长档案。

第二十三条　学校对符合入学条件而家庭经济困难的学生，通过助学金等形式提供资助。

第三节　教职工

第二十四条　幼儿园教职工由正式编制的教师、管理人员和工勤人员以及临聘人员等组成。

第二十五条　幼儿园根据编制部门核定的编制数额、岗位数和岗位任职条件及教育行政部门、幼儿园相关规定聘用教职工，公开招聘，竞争上岗，对聘用人员实行岗位管理和绩效工资制度。园长按规定与教职工签订聘用合同。

第二十六条　幼儿园依法建立全体教职工考核制度，定期对教职工进行考核，考核结果作为续聘或者解聘、奖励或者处分以及职称晋升的依据。

第二十七条　教职工权利

（一）幼儿园教师享有《中华人民共和国教师法》及有关法律法规、聘用合同规定的权利。

（二）教职工按时获取工资报酬，享受国家规定的福利待遇以及寒暑假的带薪休假。

（三）全体教职工有权通过园务会或其他形式参与幼儿园管理，对幼儿园工作提出意见和建议；对幼儿园重大事项有知情权；对不公正待遇或处分有申诉权。

第二十八条　教职工义务

（一）幼儿园教师履行《中华人民共和国教师法》及有关法律法规、聘用合同规定的义务。

（二）遵守宪法、法律和职业道德，为人师表，遵守幼儿园章程及规章制度。

（三）弘扬爱心与责任感，关心、爱护全体幼儿，尊重幼儿人格，促进幼儿身心健康发展。

（四）制止有害幼儿的行为或者其他侵犯幼儿合法权利的行为，批评和抵制有害幼儿健康成长的现象。

（五）做好家长工作，采用多种方式开展家长工作，密切家园联系，实现家园共育。

（六）全体教职工切实做到：遵章守纪，爱岗敬业，热爱学生，团结协作，尊重家长。

第二十九条　幼儿园所有教职员工应当尊重幼儿的人格尊严，不得对幼儿实施体罚、变相体罚或者其他侮辱人格尊严的言行。对特殊幼儿不得歧视、厌弃。

第四节　教育教学与特色发展

第三十条　幼儿园应根据幼儿的身心发展特点，以为幼儿后续学习和终身发展奠定良好素质基础为目标，以促进幼儿德、智、体、美、劳各方面的协调发展为核心，坚持科学的保育和教育方法，保障幼儿快乐、健康成长。

第三十一条　幼儿园建立年级组、教研组等教育教学基层管理机制。

第三十二条　幼儿园实行班级授课制，按年龄分大（5—6岁）、中（4—5岁）、小（3—4岁）3个学段。

第三十三条　幼儿园尊重幼儿发展的个体差异，以游戏为幼儿的基本活动，培养幼儿良好的行为习惯、生活习惯，杜绝小学化倾向，从健康、语言、社会、科学、艺术5个领域，促进幼儿身心全面、和谐发展。

第三十四条 合理运用本土资源，努力构建园本特色课程，保证幼儿学习的时代性、科学性和循序渐进。积极探索符合素质教育要求的各种教学模式，努力提高教育教学质量。幼儿园在实施课程建设过程中，重点打造健康特色。

第三十五条 重视加强幼儿园与社区、家庭的交流沟通，建立家访制度，定期进行家长开放日活动、亲子活动、社会实践活动、家长学校等，促进家园教育协调一致。

第三十六条 幼儿园应当把幼儿生命安全作为第一要务。幼儿园建立健全平安校园制度。严格执行幼儿园安全管理各项规定，建立一岗双责制和值班制度，健全安全监督检查制度，落实各项安全防范措施，加强安全教育，组织安全演练，确保师生安全。幼儿园对幼儿在园期间或者本园组织的校外活动中发生人身伤害事故的，应当及时救护，妥善处理，及时通知家长并向有关主管部门报告。

第三十七条 幼儿园组织幼儿、家长参加大型主题活动、社会实践活动时，应当有利于幼儿的身心健康，杜绝一切商业行为。

第三十八条 幼儿园做好一切卫生保健消毒工作，新生入园必须体检。制定应对各种灾害、传染性疾病、食物中毒、意外伤害等突发事件的预案。

第三十九条 幼儿与家长在园期间必须遵守幼儿园的行为准则及家长公约。家长应给幼儿做好表率，不得有不当的言行举止。如遇纠纷，与园方协商解决，不得有任何攻击性言行以及危害幼儿及教职工的行为，严禁任何扰乱幼儿园正常教学秩序的行为。

第五节　卫生保健、后勤与财务管理

第四十条 幼儿园认真执行上级有关学校卫生工作的法规、政策，建立健全学校卫生工作制度。

第四十一条 幼儿园后勤工作是一项服务工作，主要负责幼儿园房舍建筑、环境的改善与美化、设备的添置与保养、经费的规划与使用等工作。

第四十二条　幼儿园后勤工作由后勤主任分管，下设库管员、司机、水电工、保安、保育员、保洁员、花工等岗位。

第四十三条　幼儿园办学经费由九龙坡区人民政府财政全额拨款。按国家预结算管理。

第四十四条　幼儿园财务活动在园长的领导下，由幼儿园财务部门统一管理。幼儿园建立健全财务管理制度，执行国家统一的会计制度，并接受政府职能部门和教育行政部门的审查监督。

第四十五条　幼儿园严格执行国家收费政策，规范收费行为，按照有关部门规定的项目和标准收费，各项收入按照有关规定实行收支两条线管理。

第四十六条　幼儿园的校舍、土地资源、设备设施和无形资产受法律保护，任何单位、个人不得侵占、私分或挪用。幼儿园履行资产管理职责，依法追究侵权者的责任。

第四十七条　幼儿园财务内部审计监督部门，根据国家法律法规和规章制度，对幼儿园财务活动进行监督检查，对违反国家财政、财务制度和财经纪律的行为，及时予以制止、纠正；性质严重的，及时向单位负责人报告。

第三章　附　则

第四十八条　幼儿园建立健全本章程统领下的本园规章制度体系，规章制度的立、改、废均依照民主程序进行。本章程未尽事宜按照法律法规及上级文件政策执行，如有抵触，以法律法规及上级文件政策为准。

第四十九条　本章程经本园教职工（代表）大会审议，园务委员会通过，并经重庆市九龙坡区教育委员会同意，自备案之日起实施。

第五十条　本章程的修改需由本园工会小组或者1/3以上教职工（代表）联合提出章程修改意见，经教职工（代表）大会审议，2/3以上教职工（代表）和校务委员会通过，报重庆市九龙坡区教育委员会核准后方可公布施行。

第五十一条　本章程由本园办公室负责解释。

后记

　　幼儿园的素质教育是要"培养良好习惯、培育美好未来"。办园理念上的"从这里走向美好世界",有着先进的幼儿教育思想与实践操作的技术内涵,而"健康小火车、天天动起来"则在办园特色建设上彰显了健康智慧管理与美术智能结构的园本文化特色。面对教育现代化2035以及高质量教育体系的建构新发展,幼儿园制订了发展规划,提出了新的办园目标和办园的路径。

　　本书的主体内容在于科学解读幼儿教育的园本化思考与实践,部分成果展示了这样的思考与实践效果。

　　存在的不足之处,敬请雅正!

编著者

2021年6月12日

参考文献

[1] 袁爱玲.幼儿园教育环境创设［M］.北京：高等教育出版社，2010.

[2] 褚宏启，刘传沛.校长管理智慧［M］.北京：教育科学出版社，2011.

[3] 管旅华，崔利玲.《幼儿园园长专业标准》案例式解读［M］.上海：华东师范大学出版社，2016.

[4] 弗雷德里克·泰勒.科学管理原理［M］.马风才，译.北京：机械工业出版社，2013.

[5] 顾荣芳，薛菁华.幼儿园健康教育［M］.北京：人民教育出版社，2004.

[6] А.В.克涅曼，Д.В.胡赫拉耶娃.学前儿童体育的理论和教学法［M］.徐志文，吴建军，冯育民，译.北京：人民教育出版社，1984.

[7] 李生兰.比较学前教育［M］.上海：华东师范大学出版社，2000.

[8] 肖冬梅.幸福能力及其培育［D］.长沙：湖南大学，2012.

[9] 朱红亮.构建诗性文化的美育校园环境［J］.美术大观，2010（1）：146–147.

163

［10］ 曹向华.当前幼儿心理健康教育问题分析［J］.教育教学论坛，2013（45）：258-259.

［11］ 姚本先，张灵.我国幼儿心理健康教育研究现状的文献计量学分析［J］.当代学前教育，2010（2）：4-9.

［12］ 何涛.论幼儿园健康教育现状及主要内容［J］.教育现代化（电子版），2015（10）：225.

［13］ 高毓婉，杨丽珠，孙岩.我国3～6岁幼儿人格发展现状及教育建议［J］.学前教育研究，2019（12）：3-19.

［14］ 吴兰岸，刘延申，刘怡.促进还是阻碍：全球视域下信息技术早期教育应用的SWOT分析及对策［J］.学前教育研究，2016（10）：3-17.